在无趣的时代

活得有趣

周国平 著

中国青年出版社

目 录

序言　真性情

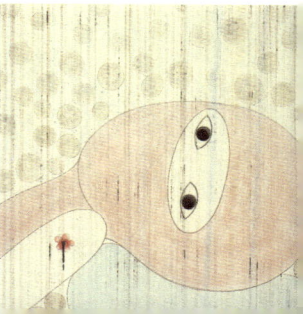

序言

真性情

我的人生观若要用一句话概括，就是真性情。我从来不把成功看作人生的主要目标，觉得只有活出真性情才是没有虚度了人生。所谓真性情，一面是对个性和内在精神价值的看重，另一面是对外在功利的看轻。

一个人在衡量任何事物时，看重的是它们在自己生活中的意义，而不是它们能给自己带来多少实际利益，这样一种生活态度就是真性情。

一个人活在世上，必须有自己真正爱好的事情，才会活得有意思。这爱好完全是出于他的真性情的，而不是为了某种外在的利益，例如金钱、名声之类。他喜欢做这件事情，只是因为他觉得事情本身非常美好，他被事情的美好所吸引。这就好像一个园丁，他仅仅因为喜欢而开辟了一块自己的园地，他在其中培育了许多美丽的花木，为它们倾注了自己的心血。当他在自己的园地上耕作时，他心里非常踏实。无论他走到哪里，他都会牵挂着那些花木，如同母亲牵挂着自己的孩子。这样一个人，他一定会活得很充实的。相反，一个人如果没有自己的园地，不管他当多大的官，做多大的买卖，他本质上始终是空虚的。这样的人一旦丢了官，破了产，他的空虚就暴露无遗了，会惶惶然不可终日，发现自己在世界上无事可做，也没有人需要他，成了一个多余的人。

人做事情，或是出于利益，或是出于性情。出于利益做的事情，当然就不必太在乎是否愉快。我常常看见名利场上的健将一面叫苦不迭，一面依然奋斗不止，对此我完全能够理解。我并不认为他们的叫苦是假，因为我知道利益是一种强制力量，而就他们所做的事情的性质来说，利益的确比愉快更加重要。相反，凡是出于性情做的事情，亦即仅仅为了满足心灵而做的事情，愉快就都是基本的标准。如果不感到愉快，我们就必须怀疑是否有利益的强制在其中起着作用。

你说，得活出个样儿来。我说，得活出个味儿来。名声地位是衣裳，不妨弄件穿穿。可是，对人对己都不要以貌取人。衣裳换来换去，我还是我。脱尽衣裳，男人和女人更本色。

人生中一切美好的事情，报酬都在眼前。爱情的报酬就是相爱时的陶醉和满足，而不是有朝一日缔结良缘。创作的报酬就是创作时的陶醉和满足，而不是有朝一日名扬四海。如果事情本身不能给人以陶醉和满足，就不足以称为美好。

此生此世，当不当思想家或散文家，写不写得出漂亮文章，真是不重要。我唯愿保持住一份生命的本色，一份能够安静聆听别的生命也使别的生命愿意安静聆听的纯真，此中的快乐远非浮华功名可比。

人不仅仅属于时代。无论时代怎样，没有人必须为了利益而放弃自己的趣味。人生之大趣，第一源自生命，第二源自灵魂。一个人只要热爱生命，善于品味生命固有的乐趣，同时又关注灵魂，善于同人类历史上伟大的灵魂交往，即使在一个无趣的时代，他仍然可以生活得有趣。

01

面对虚无——
我们总得做点什么

兽和神大约都不会无聊。兽活命而已，只有纯粹的生存。神充实自足，具备完满的存在。兽人神三界，唯有夹在中间的人才会无聊，才可能有活得没意思的感觉和叹息。

无聊的前提是闲。当人类必须为生存苦斗的时候，想必也无聊不起来。我们在《诗经》或《荷马史诗》里几乎找不到无聊这种奢侈的情绪。要能闲得无聊，首先必须仓廪实，衣食足，不愁吃穿。吃穿有余，甚至可以惠及畜生，受人豢养的猫狗之类宠物也会生出类似无聊的举态，但它们已经无权称作兽。

当然，物质的进步永无止境，仓廪再实，衣食再足，人类未必闲得下来。世上总有闲不住的阔人、忙人和勤人，另当别论。

一般来说，只要人类在求温饱之余还有精力，无聊的可能性就存在了。席勒用剩余精力解释美感的发生。其实，人类特有的一切好东西坏东西，其发生盖赖于此，无聊也不例外。

有了剩余精力，不释放出来是很难受的。"饱食终日，无所用心，难矣哉！"孔子就很明白这难受劲儿，所以他劝人不妨赌博下棋，也比闲着什么事不做好。"难矣哉"，林语堂解为"真难为他们""真亏他们做得出来"，颇传神，比别的注家高明。闲着什么事不做，是极难的，一般人无此功夫。所谓闲，是指没有非做不可的事，遂可以自由支配时间，做自己感兴趣的事。闲的可贵就在于此。兴趣有雅俗宽窄之别，但大约人人都有自己感兴趣的事。麻将扑克是一种兴趣，琴棋诗画是一种兴趣，拥被夜读是一种兴趣，坐在桌前，点一支烟，沉思遐想，也是一种兴趣。闲了未必无聊，闲着没事干才会无聊。有了自由支配的时间，却找不到兴趣所在，或者做不成感兴趣的事，剩余精力茫茫然无所寄托，这种滋味就叫无聊。

闲是福气，无聊却是痛苦。勤勤恳恳一辈子的公务员，除了公务别无兴趣，一旦退休闲居，多有不久便弃世的，致命的因素正是无聊。治狱者很懂得无聊的厉害，所以对犯人最严重的惩罚不是苦役而是单独监禁。苦役是精力的过度释放，单独监禁则是人为地堵塞释放精力的一切途径，除吃睡外不准做任何事。这种强制性的无聊，其痛苦远在苦役之上。

在自由状态下，多半可以找到法子排遣无聊。排遣的方式因人而异，最能见出一个人的性情。愈浅薄的人，其无聊愈容易排遣，现成的法子有得是。"不有博弈者乎？"如今更好办，不有电视机乎？面对电视机一坐几个钟头，天天坐到头昏脑涨然后上床去，差不多是现代人最常见的消磨闲暇的方式——或者说，糟蹋闲暇的方式。

时间就是生命。奇怪的是，人人都爱惜生命，不愿其速逝，却害怕时间，唯恐其停滞。我们好歹要做点什么事来打发时间，一旦无所事事，时间就仿佛在我们面前停住了。我们面对这脱去事件外衣的赤裸裸的时间，发现它原来空无所有，心中隐约对生命的实质也起了恐慌。无聊的可怕也许就在于此，所以要加以排遣。

但是，人生中有些时候，我们会感觉到一种无可排遣的无聊。我们心不在焉，百事无心，觉得做什么都没意思，并不是疲倦了，因为我们有精力，只是茫无出路。并不是看透了，因为我们有欲望，只是空无对象。这种心境无端而来，无端而去，昙花一现，却是一种直接暴露人生根底的深邃的无聊。

人到世上，无非活一场罢了，本无目的可言。因此，在有了超出维持生存以上的精力以后，这剩余精力投放的对象却付诸阙如。人必须自己设立超出生存以上的目的。活不成问题了，就要活得有意思，为生命加一个意义。然而，为什么活着？这是一个危险的问题。若问为什么吃喝劳作，我们很明白，是为了活。活着又为了什么呢？这个问题追究下去，没有谁不糊涂的。

对此大致有两类可能的答案。一类答案可以归结为：活着为了吃喝劳作——为了一己的、全家的或者人类的吃喝劳作，为了吃喝得更奢侈，劳作得更有效，如此等等。这类答案虽然是多数人实际所奉行的，作为答案却不能令人满意，因为它等于说活着为了活着，不成其为答案。

如果一切为了活着，活着就是一切，岂不和动物没有了区别？一旦死去，岂不一切都落了空？这是生存本身不能作为意义源泉的两个重要理由。一事物的意义须从高于它的事物那里求得，生命也是如此。另一类答案就试图为生命指出一个高于生命的意义源泉，它应彰克服人的生命的动物性和暂时性，因而必定是一种神性的不朽的东西。不管哲学家们如何称呼这个东西，无非是神的别名罢了。例如，从巴门尼德到雅斯贝尔斯，都以"存在"为生命意义之源泉，可是他们除了示意"存在"的某种不可言传的超越性和完美性之外，还能告诉我们什么呢？

我们往往乐意相信，生命是有高出生命本身的意义的，例如真善美之类的精神价值。然而，真善美又有什么意义？可以如此无穷追问下去，但我们无法找到一个终极根据，因为神并不存在。其实，神只是一个表示神秘莫测的记号，记录了我们追问终极根据而不可得的迷惘。摆脱这个困境的唯一办法是把一切精神价值的落脚点引回到地面上来，看作人类生存的工具。各派无神论哲学家归根到底都是这样做的。但是，这样一来，我们又陷入了我们试图逃避的同义反复：活着为了活着。

也许关键在于，这里作为目的的活，与动物并不相同。人要求有意义地活，意义是人类生存的必要条件。因此，上述命题应当这样展开：活着为了寻求意义，而寻求意义又是为了觉得自己是在有意义地活着。即使我们所寻求的一切高于生存的目标到头来是虚幻的，寻求本身就使我们感到生存是有意义的，从而能够充满信心地活下去。凡真正的艺术家都视创作为生命，不创作就活不下去。超出这一点去问海明威为何要写作，毕加索为何要画画，他们肯定说不出一个所以然来。人类迄今所创造的灿烂文化如同美丽的云景，把人类生存的天空烘托得极其壮观。然而，若要追究云景背后有什么，便只能堕入无底的虚空里了。

人，永远走在从生存向存在的途中。他已经辞别兽界，却无望进入神界。他不甘于纯粹的生存，却达不到完美的存在。他有了超出生存的精力，却没有超出生存的目标。他寻求，却不知道寻求什么。人是注定要无聊的。

可是，如果人真能够成为神，就不无聊了吗？我想象不出，上帝在完成他的创世工作之后，是如何消磨他的星期天的。《圣经》对此闭口不谈，这倒不奇怪，因为上帝是完美无缺的，既不能像肉欲犹存的人类那样用美食酣睡款待自己，又不能像壮心不已的人类那样不断进行新的精神探险，他实在没事可干了。他的绝对的完美便是他的绝对的空虚。人类的无聊尚可药治，上帝的无聊宁有息日？

不，我不愿意成为神。虽然人生有许多缺憾，生而为人仍然是世上最幸运的事。人生最大的缺憾便是终有一死。生命太短暂了，太珍贵了，无论用它来做什么都有点可惜。总想做最有意义的事，足以使人不虚此生、死而无憾的事，却没有一件事堪当此重责。但是，人活着总得做点什么。于是，我们便做着种种微不足道的事。

人生终究还是免不了无聊。

没有目的的旅行

没有比长途旅行更令人兴奋的了，也没有比长途旅行更容易使人感到无聊的了。

人生，就是一趟长途旅行。

一趟长途旅行，意味着奇遇、巧合、不寻常的机缘、意外的收获、陌生而新鲜的人和景物。总之，意味着种种打破生活常规的偶然性和可能性。所以，谁不是怀着朦胧的期待和莫名的激动踏上旅程的？

然而，一般规律是，随着旅程的延续，兴奋递减，无聊递增。

我们从记事起就已经身在这趟名为"人生"的列车上。一开始，我们并不关心它开往何处。孩子们不需要为人生安上一个目的，他们趴在车窗边，小脸蛋紧贴玻璃，窗外掠过的田野、树木、房屋、人畜无不可观，无不使他们感到新奇。无聊与他们无缘。

不知从何时起，车窗外的景物不再那样令我们陶醉了。这是我们告别童年的一个确切的标志，我们长大成人了。我们开始需要一个目的，而且往往也就有了一个也许清晰但多半模糊的目的。我们相信列车将把我们带往一个美妙的地方，那里的景物远比沿途优美。我们在心里悄悄给那地方冠以美好的名称，名之为"幸福""成功""善""真理"等等。

不幸的是，一旦我们开始憧憬一个目的，无聊便接踵而至。既然生活在远处，近处的就不是生活。既然目的最重要，过程就等而下之。我们的心飞向未来，只把身体留在现在，视正在经历的一切为必不可免的过程，耐着性子忍受。

列车在继续行进，但我们愈来愈意识到自己身寄逆旅，不禁暗暗计算日程，琢磨如何消磨途中的光阴。好交际者便找人攀谈，胡侃神聊，不厌其烦地议论天气、物价、新闻之类无聊的话题。性情孤僻者则躲在一隅，闷头吸烟，自从无烟车厢普及以来，就只是坐着发呆、瞌睡、打呵欠。不学无术之徒掏出随身携带的通俗无聊小报和杂志，读了一遍又一遍。饱学之士翻开事先准备的学术名著，想聚精会神研读，终于读不进去，便屈尊向不学无术之徒借来通俗报刊，图个轻松。先生们没完没了地打扑克。太太们没完没了地打毛衣。凡此种种，雅俗同归，都是在无聊中打发时间，以无聊的方式逃避无聊。

当然，会有少数幸运儿因了自己的性情，或外在的机缘，

【悲观】

我们不妨眷恋生命，执著人生，但同时也要像蒙田说的那样，收拾好行装，随时准备和人生告别。入世再深，也不忘它的限度。这样一种执著有悲观垫底，就不会走向贪婪。有悲观垫底的执著，实际上是一种超脱。

对旅途本身仍然怀有浓厚的兴趣。一位诗人凭窗凝思，浮想联翩，笔下灵感如涌。一对妙龄男女隔座顾盼，两情款洽，眉间秋波频送。他们都乐在其中，不觉得旅途无聊。愈是心中老悬着一个遥远目的地的旅客，愈不耐旅途的漫长，容易百无聊赖。

由此可见，无聊生于目的和过程的分离，乃是一种对过程疏远和隔膜的心境。孩子或像孩子一样单纯的人，目的意识淡薄，沉浸在过程中，过程和目的浑然不分，他们能够随遇而安，即事起兴，不易感到无聊。商人或者像商人一样精明的人，有非常明确实际的目的，以此指导行动，规划过程，目的与过程丝丝相扣，他们能聚精会神，分秒必争，也不易感到无聊。怕就怕既失去了孩子的单纯，又不肯学商人的精明，目的意识强烈却并无明确实际的目的，有所追求但所求不是太缥缈就是太模糊。"我只是想要，但不知道究竟想要什么。"这种心境是滋生无聊的温床。心中弥漫着一团空虚，无物可以填充。凡到手的一切都不是想要的，于是难免无聊了。

舍近逐远似乎是我们人类的天性，大约正是目的意识在其中作祟。一座围城，城里面的人想出去，城外的人想进来，如果出不去进不来，就感到无聊。这是达不到目的的无聊。一旦城里的人到了城外，城外的人到了城里，又觉得城外和城里不过尔尔。这是目的达到后的无聊。于是，健忘的人（我们多半是健忘的）折腾往回跑，陷入又一轮循环。等到城里城外都厌倦，是进是出都无所谓，更大的无聊就来临了。这是没有了目的的无聊。

超出生存以上的目的，大抵是想象力的产物。想象力需要为自己寻找一个落脚点，目的便是这落脚点。我们乘着想象力飞往远方，疏远了当下的现实。一旦想象中的目的实现，我们又会觉得它远不如想象。最后，我们倦于追求一个目的了，但并不因此就心满意足地降落到地面上来。我们乘着疲惫的想象力，心灰意懒地盘旋在这块我们业已厌倦的大地上空，茫然四顾，无处栖身。

让我们回到那趟名为"人生"的列车上来。假定我们各自怀着一个目的，相信列车终将把我们带到心向往之的某地，为此我们忍受着旅途的无聊，这时列车的广播突然响了，通知我们：列车并非开往某地，非但不是开往某地，而且不开往任何地方，它根本就没有一个目的地。试想一下，在此之后，不再有一个目的来支撑我们忍受旅途的无聊，其无聊更将如何？

然而，这正是我们或早或迟会悟到的人生真相。"天地者万物之逆旅"，万物也只是万物的一份子，逃不脱大自然安排的命运。人活一世，不过是到天地间走一趟罢了。人生的终点是死，死总不该是人生的目的。人生原本就是一趟没有目的的旅行。

鉴于人生本无目的，只是过程，有的哲人就教导我们重视过程，不在乎目的。如果真能像孩子那样沉浸在过程，当然可以免除无聊。可惜的是，我们已非孩子，觉醒了的目的意识不易回到混沌。莱辛说他重视追求真理的过程胜于重视真理的本身，这话怕是出于一种无奈的心情，正因为过于重视真理，同时又过于清醒地看到真理并不存在，才不得已而返求诸过程。看破目的阙如而执著过程，这比看破红尘的人还俗，与过程早已隔了一道鸿沟，至多只能做到貌合神离而已。

如此看来，无聊是人的宿命。无论我们期待一个目的，还是根本没目的可期待，我们都难逃此命。在没有目的时，我们仍有目的意识。在无可期待时，我们仍茫茫然若有所待。我们有时会沉浸在过程中，但是不可能始终和过程打成一片。我们渴望过程背后的目的，或者省悟过程背后绝无目的时，我们都会对过程产生疏远和隔膜之感。然而，我们又被黏滞在过程中，我们的生命仅是一个过程而已。我们心不在焉而又身不由己，这种心境便是无聊。

1

上大学时，常常当我在灯下聚精会神读书时，灯突然灭了。这是全宿舍同学针对我一致作出的决议：遵守校规，按时熄灯。我多么恨那只拉开关的手，咔嚓一声，又从我的生命线上割走了一天。怔怔地坐在黑暗里，凝望着月色朦胧的窗外，我委屈得泪眼汪汪。

年龄愈大，光阴流逝愈快，但我好像愈麻木了。一天又一天，日子无声无息地消失，就像水滴消失于大海。蓦然回首，我在世上活了一万多个昼夜，它们都已经不知去向。

"子在川上曰：逝者如斯夫，不舍昼夜。"其实，光阴何尝是这样一条河，可以让我们伫立其上，河水从身边流过，而我却依然故我？时间不是某种从我身边流过的东西，而就是我的生命。弃我而去的不是日历上的一个个日子，而是我生命中的岁月；甚至也不仅仅是我的岁月，而就是我自己。我不但找不回逝去的年华，而且也找不回从前的我了。

当我回想很久以前的我，譬如说，回想大学宿舍里那个泪眼汪汪的我的时候，在我眼前出现的总是一个孤儿的影子，他被无情地遗弃在过去的岁月里。他孑然一身，举目无亲，徒劳地盼望回到活人的世界上来，而事实上却不可阻挡地被过去的岁月带往更远的远方。我伸出手去，但是我无法触及他并把他领回。我大声呼唤，但是我的声音到达不了他的耳中。我不得不承认这是一种死亡，从前的我已经成为一个死者，我对他的怀念与对一个死者的怀念有着相同的性质。

2

自古以来，不知多少人问过：时间是什么？它在哪里？人们在时间中追问和苦思，得不到回答，又被时间永远地带走了。

时间在哪里？被时间带走的人在哪里？

为了度量时间，我们的祖先发明了日历，于是人类有历史，个人有年龄。年龄代表一个人从出生到现在所拥有的时间。真的拥有吗？它们在哪里？

总是这样：因为失去童年，我们才知道自己长大；因为失去岁月，我们才知道自己活着；因为失去，我们才知道时间。

我们把已经失去的称作过去，尚未得到的称作未来，停留在手上的称作现在。但时间何尝停留，现在转瞬成为过去，我们究竟有什么？

多少个深夜，我守在灯下，不甘心一天就此结束。然而，即使我通宵不眠，一天还是结束了。我们没有任何办法能留住时间。

我们永远不能占有时间，时间却掌握着我们的命运。在它宽大无边的手掌里，我们短暂的一生同时呈现，无所谓过去、现在、未来，我们的生和死、幸福和灾祸早已记录在案。

可是，既然过去不复存在，现在稍纵即逝，未来尚不存在，世上真有时间吗？这个操世间一切生灵生杀之权的隐身者究竟是谁？

我想象自己是草地上的一座雕像，目睹一代又一代孩子嬉闹着从远处走来，渐渐长大，在我身旁谈情说爱，寻欢作乐，又慢慢衰老，蹒跚着向远处走去。我在他们中间认出了我自己的身影，他走着和大家一样的路程。我焦急地朝他瞪眼，示意他停下来，但他毫不理会。现在他已经越过我，继续向前走去了。我悲哀地看着他无可挽救地走向衰老和死亡。

3

许多年以后，我回到我出生的那个城市，一位小学时的老同学陪伴我穿越面貌依旧的老街。他突然指着坐在街沿屋门口的一个丑女人悄悄告诉我，她就是我们的同班同学某某。我赶紧转过脸去，不敢相信我昔日心目中的偶像竟是这般模样。我的心中保存着许多美丽的面影，然而一旦邂逅重逢，没有不立即破灭的。

　　我们总是觉得儿时尝过的某样点心最香甜，儿时听过的某支曲子最美妙，儿时见过的某片风景最秀丽。"幸福的岁月是那失去的岁月。"你可以找回那点心、曲子、风景，可是找不回岁月。所以，同一样点心不再那么香甜，同一支曲子不再那么美妙，同一片风景不再那么秀丽。

　　当我坐在电影院里看电影时，我明明知道，人类的彩色摄影技术已经有了非凡的长进，但我还是找不回像幼时看的幻灯片那么鲜亮的色彩了。失去的岁月便如同那些幻灯片一样，在记忆中闪烁着永远不可企及的幸福的光华。

　　每次回母校，我都要久久徘徊在我过去住的那间宿舍的窗外。窗前仍是那株木槿，隔了这么些年居然既没有死去，也没有长大。我很想进屋去，看看从前那个我是否还在那里。从那时到现在，我到过许多地方，有过许多遭遇，可是这一切会不会是幻觉呢？也许，我仍然是那个我，只不过走了一会儿神？也许，根本没有时间，只有许多个我同时存在，说不定会在哪里突然相遇？但我终于没有进屋，因为我知道我的宿舍已被陌生人占据，他们会把我看作入侵者，尽管在我眼中，他们才是我的神圣的青春岁月的入侵者。

　　在回忆的引导下，我们寻访旧友，重游故地，企图找回当年的感觉，然而徒劳。我们终于怅然发现，与时光一起消逝的不仅是我们的童年和青春，而且是由当年的人、树木、房屋、街道、天空组成的一个完整的世界，其中也包括我们当年的爱和忧愁，感觉和心情，我们当年的整个心灵世界。

4

可是，我仍然不相信时间带走了一切。逝去的年华，我们最珍贵的童年和青春岁月，我们必定以某种方式把它们保存在一个安全的地方了。我们遗忘了藏宝的地点，但必定有这么一个地方，否则我们不会这样苦苦地追寻。或者说，有一间心灵的密室，其中藏着我们过去的全部珍宝，只是我们竭尽全力也回想不起开锁的密码了。然而，可能会有一次纯属偶然，我们漫不经心地碰对了这密码，于是密室开启，我们重新置身于从前的岁月。当普鲁斯特的主人公口含一块泡过茶水的玛德莱娜小点心，突然感觉到一种奇特的快感和震颤的时候，便是碰对了密码。一种当下的感觉，也许是一种滋味，一阵气息，一个旋律，石板上的一片阳光，与早已遗忘的那个感觉巧合，因而混合进了和这感觉联结在一起的昔日的心境，于是昔日的生活情景便从这心境中涌现出来。

其实，每个人的生活中都不乏这种普鲁斯特式幸福的机缘，在此机缘触发下，我们会产生一种对某样东西似曾相识又若有所失的感觉。但是，很少有人像普鲁斯特那样抓住这种机缘，促使韶光重现。我们总是生活在眼前，忙碌着外在的事务。我们的日子是断裂的，缺乏内在的连续性。逝去的岁月如同一张张未经显影的底片，杂乱堆积在暗室里。它们仍在那里，但和我们永远失去了它们又有什么区别?

5

诗人之为诗人，就在于他对时光的流逝比一般人更加敏感，诗便是他为逃脱这流逝自筑的避难所。摆脱时间有三种方式：活在回忆中，把过去永恒化；活在当下的激情中，把现在永恒化；活在期待中，把未来永恒化。然而，想象中的永恒并不能阻止事实上的时光流逝。所以，回忆是忧伤的，期待是迷惘的，当下的激情混合着狂喜和绝望。难怪一个最乐观的诗人也如此喊道："时针指示着瞬息，但什么能指示永恒呢?"

诗人承担着悲壮的使命：把瞬间变成永恒，在时间之中摆脱时间。

谁能生活在时间之外，真正拥有永恒呢?

孩子和上帝。

孩子不在乎时光流逝。在孩子眼里，岁月是无穷无尽的。童年之所以令人怀念，是因为我们在童年曾经一度拥有永恒。可是，孩子会长大，我们终将失去童年。我们的童年是在我们明白自己必将死去的那一天结束的。自从失去了童年，我们也就失去了永恒。

从那以后，我所知道的唯一的永恒便是我死后时间的无限绵延，我的永恒的不存在。

还有上帝呢？我多么愿意和圣奥古斯丁一起歌颂上帝："你的岁月无往无来，永是现在，我们的昨天和明天都在你的今天之中过去和到来。"我多么希望世上真有一面永恒的镜子，其中映照着被时间劫走的我的一切珍宝，包括我的生命。可是，我知道，上帝也只是诗人的一个避难所！

在很小的时候，我就自己偷偷写起了日记。一开始的日记极幼稚，只是写些今天吃了什么好东西之类。我仿佛本能地意识到那好滋味容易消逝，于是想用文字把它留住。年岁渐大，我用文字留住了许多好滋味：爱，友谊，孤独，欢乐，痛苦……在青年时代的一次劫难中，我烧掉了全部日记。后来我才知道此举的严重性，为我的过去岁月的真正死亡痛哭不止。但是，写作的习惯延续下来了。我不断把自己最好的部分转移到我的文字中去，到最后，罗马不在罗马了，我借此逃脱了时光的流逝。

仍是想象中的？可是，对一个已经失去童年而又不相信上帝的人，此外还能怎样呢？

度一个创造的人生

如果要用一个词来概括人类精神生活的特征，那么，最合适的词便是这个词——创造。

所谓创造，未必是指发明某种新技术，也未必是指从事艺术的创作，这些仅是创造的若干具体形态罢了。创造的含义要深刻得多，范围也要广泛得多。人之区别于动物就在于人有一个灵魂，灵魂使人不能满足于动物式的生存，而要追求高出于生存的价值，由此展开了人的精神生活。大自然所赋予人的只是生存，因而，人所从事的超出生存以上的活动都是给大自然的安排增添了一点新东西，无不具有创造的性质。这样的活动当然不是肉体（它只要求生存），而是灵魂发动的。正是在创造中，人用行动实现着对真、善、美的追求，把自己内心所珍爱的价值变成可以看见和感觉的对象。

由此可见，决定一种活动是否具有创造性的关键在于有无灵魂的真正参与。一个画匠画了一幅毫无灵感的画，一个学究写了一本人云亦云的书，他们都不是在创造。相反，如果你真正陶醉于一片风景、一首诗、一段乐曲的美，如果你对某个问题形成了你的独特的见解，那么你就是在创造。

许多哲学家都曾强调劳作与创造的区别，前者是非精神性的，后者是精神性的。在这方面，马克思的看法也许仍是最有启发意义的。他认为，人的本性是更喜欢从事自由的创造活动的，因为人在这种活动中能够充分实现自己的能力和价值，从而获得精神上的享受。然而，为了生存，人又必须从事生产活动。因此，可以把我们的时间划分为必要劳动时间和自由时间。一个理想的社会应当把必要劳动时间缩短到最低限度，以便为每个人从事创造活动腾出充足的自由时间。这个道理对于个人也是适用的。一个人只是为谋生或赚钱而从事的活动都属于劳作，而他出于自己的真兴趣和真性情从事的活动则属于创造。劳作仅能带来外在的利益，唯创造才能获得心灵的快乐。但外在的利益是一种很实在的诱惑，往往会诱使人们无休止地劳作，竟至于一辈子体会不到创造的乐趣。在我看来，创造在生活中所占的比重，乃是衡量一个人的生活质量的主要标准。

真正的创造是不计较结果的。它是一个人的内在力量自然而然的实现，本身即是享受。有一位夫人曾督促罗曼·罗兰抓紧写作，快出成果，罗曼·罗兰回答说："一棵树不会太关心它结的果实，它只是在它生命汁液的欢乐流溢中自然生长，而只要它的种子是好的，它的根扎在沃土，它必将结好的果实。"我非常欣赏这个回答。只要你的心灵是活泼的、敏锐的，只要你听从这心灵的吩咐，去做能真正使它快乐的事，那么，不论你终于做成了什么事，也不论社会对你的成绩怎样评价，你都是度了一个有意义的创造的人生。

一个人的灵魂不安于有生有灭的肉身生活的限制，寻求超越的途径，不管他的寻求有无结果，寻求本身已经使他和肉身生活保持了一个距离。这个距离便是他的自由，他的收获。

每个追求者都渴望成功，然而还有比成功更宝贵的东西，这就是追求本身。我宁愿做一个未必成功的追求者，而不愿是一个不再追求的成功者。如果说成功是青春的一个梦，那么，追求即是青春本身，是一个人心灵年轻的最好证明。谁追求不止，谁就青春长在。一个人的青春是在他不再追求的那一天结束的。

在精神领域的追求中，不必说世俗的成功、社会和历史所承认的成功，即便是精神追求本身的成功，也不是主要的目标。在这里，目标即寓于过程之中，对精神价值的追求本身成了生存方式，这种追求愈执著，就愈是超越于所谓成败。一个默默无闻的贤哲也许更是贤哲，一个身败名裂的圣徒也许更

追　求

【自欺】

尽管希望已经破灭，自欺的需要依然存在。希望仅是自欺的浪漫形态，自欺还有其不浪漫的形态——习惯。当一个人不怀任何希望地延续着一个明知毫无意义的习惯时，他便如同强迫症患者一样，仍是在以自欺的方式逃避现实。如果说希望的自欺是逃向未来，那么，习惯的自欺就是逃向过去，试图躲藏在一个曾经含有希望的行为之中。

是圣徒。如果一定要论成败，一个伟大的失败者岂不比一个渺小的成功者更有权被视为成功者？

能被失败阻止的追求是一种软弱的追求，它暴露了力量的有限；能被成功阻止的追求是一种浅薄的追求，它证明了目标的有限。

在艰难中创业，在万马齐喑时呐喊，在时代舞台上叱咤风云，这是一种追求。

在淡泊中坚持，在天下沸沸扬扬时沉默，在名利场外自甘于寂寞和清贫，这也是一种追求。

一切简单而伟大的精神都是相通的，在那道路的尽头，它们殊途而同归。说到底，人们只是用不同的名称称呼同一个光源罢了，受此光源照耀的人都走在同一条道路上。

人类的精神生活体现为精神追求的漫长历史，对于每一个个体来说，这个历史一开始是外在的，他必须去重新占有它。就最深层的精神生活而言，时代的区别并不重要。无论在什么时代，每一个个体都必须并且能够独自面对他自己的上帝，靠自己获得他的精神个性。而这同时也就是他对人类精神历史的占有和参与。

世上有多少个朝圣者，就有多少条朝圣路。每一条朝圣的路都是每一个朝圣者自己走出来的，不必相同，也不可能相同。然而，只要你自己也是一个朝圣者，你就不会觉得这是一个缺陷，反而是一个鼓舞。你会发现，每个人正是靠自己的孤独的追求加入人类的精神传统的，而只要你的确走在自己的朝圣路上，你其实并不孤独。

人类精神始终在追求某种永恒的价值，这种追求已经形成为一种持久的精神事业和传统。当我也以自己的追求加入这一事业和传统时，我渐渐明白，这一事业和传统超越于一切优秀个人的生死而世代延续，它本身就具有一种永恒的价值，甚至是人世间唯一可能和真实的永恒。

一个人、一个民族，精神上发生危机，恰好表明这个人、这个民族有执拗的精神追求，有自我反省的勇气。可怕的不是危机，而是麻木。

人们常常把"精神危机"当作一个贬义词，一说哪里发生"精神危机"，似乎那里的社会和人已经腐败透顶。诚然，与健康相比，危机是病态；但是，与麻木相比，危机却显示了生机。一个人、一个民族精神上发生危机，至少表明这个人、这个民族有较高的精神追求，追求受挫，于是才有危机。如果时代生病了，一个人也许就只能在危机与麻木二者中作选择，只有那些优秀的灵魂才会对时代的疾病感到切肤之痛。

一个精神贫乏、缺乏独特个性的人，当然不会遭受精神上危机的折磨。可是，对于一个精神需求很高的人来说，危机，即供求关系的某种脱节，却是不可避免的。他太挑剔了，世上不乏友谊、爱和事业，但不是他要的那一种，他的精神仍然感到饥饿。这样的人，必须自己来为自己创造精神的食物。

许多人的所谓成熟，不过是被习俗磨去了棱角，变得世故而实际了。那不是成熟，而是精神的早衰和个性的夭亡。真正的成熟，应当是独特个性的形成，真实自我的发现，精神上的结果和丰收。

我不想知道你有什么，只想知道你在寻找什么——你就是你所寻找的东西。

有的人总是在寻找，凡到手的，都不是他要的；有的人从来不寻找，凡到手的，都是他要的。

各有各的活法。究竟哪种好，只有天知道。

在世上一切东西中，好像只有幸福是人人都想要的东西。你去问人们，想不想结婚、生孩子，或者想不想上大学、经商、出国，肯定会得到不同的回答。可是，如果你问想不想幸福，大约没有人会拒绝。而且，之所以有些人不想生孩子和经商等等，原因正在于他们认为这些东西并不能使他们幸福，想要这些东西的人则认为它们能够带来幸福，或至少是获得幸福的手段之一。也就是说，在相异的选择背后似乎隐藏着相同的动机，即都是为了幸福。而这同时也表明，人们对幸福的理解有多么不同。

幸福的确是一个极含糊的概念。人们往往把得到自己最想要的东西、实现自己最衷心的愿望称作幸福。然而，愿望不仅是因人而异的，而且同一个人的愿望也会发生变化。真的实现了愿望，得到了想要的东西，是否幸福也还难说，这要看它们是否确实带来了内心的满足和愉悦。费尽力气争取某种东西，争到了手却发现远不如想象的好，乃是常事。

幸福与主观的愿望和心情如此紧相纠缠，当然就很难给它定一个客观的标准了。

　　我们由此倒可以确定一点：幸福不是一种纯粹客观的状态。我们不能仅仅根据一个人的外在遭遇来断定他是否幸福。他有很多钱，有别墅、汽车和漂亮的妻子，也许令别人羡慕，可是，如果他自己不感到幸福，你就不能硬说他幸福。既然他不感到幸福，事实上他也就的确不幸福。外在的财富和遭遇仅是条件，如果不转化为内在的体验和心情，便不成其为幸福。

　　如此看来，幸福似乎主要是一种内心快乐的状态。不过，它不是一般的快乐，而是非常强烈和深刻的快乐，以至于我们此时此刻会由衷地觉得活着是多么有意思，人生是多么美好。正是这样，幸福的体验最直接地包含着我们对生命意义的肯定评价。感到幸福，也就是感到自己的生命意义得到了实现。不管拥有这种体验的时间多么短暂，这种体验却总是指向整个一生的，所包含的是对生命意义的总体评价。当人感受到幸福时，心中仿佛响着一个声音："为了这个时刻，我这一生值了！"若没有这种感觉，说"幸福"就是滥用了大字眼。人身上必有一种整体的东西，是它在寻求、面对、体悟、评价整体的生命意义，我们只能把这种东西叫作灵魂。所以，幸福不是零碎和表面的情绪，而是灵魂的愉悦。正因为此，人一旦有过这种时刻和体验，便终生难忘了。

　　可以把人的生活分为三个部分：肉体生活，不外乎饮食男女；社会生活，包括在社会上做事以及与他人的交往；灵魂生活，即心灵对生命意义的沉思和体验。必须承认，前两个部分对于幸福也不是无关紧要的。如果不能维持正常的肉体生活，饥寒交迫，幸福未免是奢谈。在社会生活的领域内，做事成功带来的成就感，爱情和友谊的经历，都尤能使人发觉人生的意义，从而转化为幸福的体验。不过，亚里士多德认为，对于幸福来说，灵魂生活具有头等的重要性，因为其余的生活都要依赖外部条件，而它却是自足的。同时，它又是人身上最接近神的部分，从沉思中获得的快乐几乎相当于神的快乐。这意见从一个哲学家口中说出，我们很可怀疑是否带有职业偏见。但我们至少应该承认，既然一切美好的经历必须转化为内心的体验才成其为幸福，那么，内心体验的敏感和丰富与否就的确是重要的，它决定了一个人感受幸福的能力。对于内心世界不同的人来说，相同的经历具有完全不同的意义——因而事实上他们也就并不拥有相同的经历了。另一方面，一个习于沉思的智者，由于他透彻地思考了人生的意义和限度，便与自己的身外遭遇保持一种距离，他的心境也就比较不易受尘世祸福沉浮的扰乱。而他从沉思和智慧中获得的快乐，也的确是任何外在的变故不能将它剥夺的。考虑到天有不测风云，你不能说一种宽阔的哲人胸怀对于幸福是不重要的。

幸福与痛苦

1

幸福的和不幸的人呵，仔细想想：这世界上有谁是真正幸福的，又有谁是绝对不幸的？！

2

幸福是有限的，因为上帝的赐予本来就有限；痛苦是有限的，因为人自己承受痛苦的能力有限。

3

幸福属于天国，快乐才属于人间。

4

幸福是一个抽象概念，从来不是一个事实。相反，痛苦和不幸却常常具有事实的坚硬性。

5

幸福是一种一开始人人都自以为能够得

到、最后没有一个人敢说已经拥有的东西。

6

幸福和上帝差不多，只存在于相信它的人心中。

7

幸福喜欢捉迷藏。我们年轻时，它躲藏在未来，引诱我们前去寻找它。曾几何时，我们发现自己已经把它错过，于是回过头来，又在记忆中寻找它。

8

聪明人嘲笑幸福是一个梦，傻瓜到梦中去找幸福，两者都不承认现实中有幸福。看来，一个人要获得实在的幸福，就必须既不太聪明，也不太傻。人们把这种介于聪明和傻之间的状态叫作生活的智慧。

9

幸福是一个心思诡谲的女神，但她的眼光并不势利。权力能支配一切，却支配不了命运。金钱能买来一切，却买不来幸福。

10

一切灾祸都有一个微小的起因，一切幸福都有一个平庸的结尾。

11

欢乐与欢乐不同，痛苦与痛苦不同，其间的区别远远超过欢乐与痛苦的不同。

对于沉溺于眼前琐屑享受的人，不足与言真正的欢乐；对于沉溺于眼前琐屑烦恼的人，不足与言真正的痛苦。

12

逝去的感情事件，无论痛苦还是欢乐，无论它们一度如何使我们激动不宁，隔开久远的时间再看，都是美丽的。我们还会发现，痛苦和欢乐的差别并不像当初想象的那么大。欢乐的回忆夹着忧伤，痛苦的追念掺着甜蜜，两者又都同样令人惆怅。

13

对于一个视人生感受为最宝贵财富的人来说，欢乐和痛苦都是收入，他的账本上没有支出。这种人尽管敏感，却有很强的生命力，因为在他眼里，现实生活中的福祸得失已经降为次要的东西，命运的打击，因心灵的收获而得到了补偿。陀思妥耶夫斯基在赌场上输掉的，却在他描写赌徒心理的小说中极其辉煌地赢了回来。

14

只要生存本能犹在，人在任何处境中都能为自己编织希望，哪怕是极可怜的希望。陀思妥耶夫斯基笔下的终身苦役犯，服刑初期被用铁链拴在墙上，可他们照样有他们的希望：有朝一日能像别的苦役犯一样，被允许离开这堵墙，戴着脚镣走动。如果没有任何希望，没有一个人能够活下去。即使是最彻底的悲观主义者，他们的彻底也仅是理论上的；在现实生活中，生存本能仍然驱使他们不断受小小的希望鼓舞，从而能忍受这遭到他们否定的人生。

15

健康是为了活得愉快，而不是为了活得长久，活得愉快在己，活得长久在天。

而且，活得长久本身未必是愉快。

16

世人把人生的归宿安排在晚年，竟然把安度晚年看作一种幸福。一本即将焚毁的书，何必去操心它有没有一张光滑的封底呢？

17

痛苦使人深刻，但是，如果生活中没有欢乐，深刻就容易走向冷酷。未经欢乐滋润的心灵太硬，它缺乏爱和宽容。

18

请不要责备"好了伤疤忘了疼"。如果生命没有这样的自卫本能，人如何还能正常地生活，世上还怎会有健康、勇敢和幸福？

古往今来，天灾人祸，留下过多少伤疤，如果一一记住它们的疼痛，人类早就失去了生存的兴趣和勇气。人类是在忘却中前进的。

19

喜欢谈论痛苦的往往是不识愁滋味的少年，而饱尝人间苦难的老年贝多芬却唱起了欢乐颂。

20

生命连同它的快乐和痛苦都是虚幻的——这个观念对于快乐是一个打击，对于痛苦未尝不是一个安慰。

21

人生的重大苦难都起于关系。对付它的方法之一便是有意识地置身在关系之外，和自己的遭遇拉开距离。例如，在失恋、亲人死亡或自己患了绝症时，就想一想恋爱关系、亲属关系乃至自己的生命的纯粹偶然性，于是获得一种类似解脱的心境。佛教的因缘说庶几近之，然而，毕竟身在其中，不是想跳就能跳出来的。无我的空理易明，有情的尘缘难断。认识到因缘的偶然是一回事，真正看破因缘又是一回事。所以，佛教要建立一套烦琐复杂的戒律，借以把它的哲学观念转化为肉体本能。

22

对于人生的苦难，除了忍，别无他法。一切透彻的哲学解释不能改变任何一个确凿不移的灾难事实。例如面对死亡，最好的哲学解释也至多只能解除我们对于恐惧的恐惧，而不能解除恐惧本身，因为这后一层恐惧属于本能，我们只能带着它接受宿命。

23

定理一：人是注定要忍受不可忍受的苦难的。由此推导出定理二：所以，世上没有不可忍受的苦难。

24

人得救不是靠哲学和宗教，而是靠本能。正是生存本能使人类和个人历尽劫难而免于毁灭。各种哲学和宗教的安慰也无非是人类生存本能的自勉罢了。

25

人天生是软弱的，唯其软弱而犹能承担起苦难，才显出人的尊严。

我厌恶那种号称铁石心肠的强者，蔑视他们一路旗开得胜的骄横。只有以软弱的天性勇敢地承受着寻常苦难的人们，才是我的兄弟姐妹。

26

我们不是英雄。做英雄是轻松的，因为他有净化和升华；做英雄又是沉重的，因为他要演戏。我们只是忍受着人间寻常苦难的普通人。

27

幸福的反面是灾祸，而非痛苦。

痛苦中可以交织着幸福，但灾祸绝无幸福可言。另一方面，痛苦的解除未必就是幸福，也可能是无聊。可是，当我们从一个灾祸中脱身出来的时候，我们差不多是幸福的了。"大难不死，必有后福。"其实，"大难不死"即福，何需乎后福？

28

离一种灾祸愈远，我们愈觉得其可怕，不敢想象自己一旦身陷其中会怎么样。但是，当我们真的身陷其中时，犹如落入台风中心，反倒有了一种意外的平静。我们会发现，人的忍受力和适应力是惊人的，几乎能够在任何境遇中活着；或者死去，而死也不是不能忍受和适应的。

29

对于别人的痛苦，我们的同情一开始可能相当活跃，但一旦痛苦持续下去，同情就会消退。我们在这方面的耐心远远不如对于别人的罪恶的耐心。一个我们不得不忍受的别人的罪恶仿佛是命运，一个我们不得不忍受的别人的痛苦却几乎是罪恶了。

我并非存心刻薄，而是想从中引出一个很实在的结论：当你遭受巨大痛苦时，你要自爱，懂得自己忍受，尽量不用你的痛苦去搅扰别人。

30

面对无可逃避的厄运和死亡，绝望的人在失去一切慰藉之后，总还有一个慰藉，便是在勇敢承受命运时的尊严感。由于降灾于我们的不是任何人间的势力，而是大自然本身，因此，在我们的勇敢中体现出的乃是人的最高尊严——人在神面前的尊严。

31

痛苦是性格的催化剂，它使强者更强，弱者更弱，暴者更暴，柔者更柔，智者更智，愚者更愚。

02

孤独——
享受独处的乐趣

独处的充实

怎么判断一个人究竟有没有他的"自我"呢？我可以提出一个检验的方法，就是看他能不能独处。当你自己一个人待着时，你是感到百无聊赖、难以忍受呢，还是感到一种宁静、充实和满足？

对于有自我的人来说，独处是人生中的美好时刻和美好体验，虽则有些寂寞，寂寞中却又有一种充实。独处是灵魂生长的必要空间。在独处时，我们从别人和事务中抽身出来，回到了自己。这时候，我们独自面对自己和上帝，开始了与自己的心灵以及与宇宙中的神秘力量的对话。一切严格意义上的灵魂生活都是在独处时展开的。和别人一起谈古说今、引经据典，那是闲聊和讨论；唯有自己沉浸于古往今来的大师们的杰作之中时，才会有真正的心灵感悟。和别人一起游山玩水，那只是旅游；唯有自己独自面对苍茫的群山和大海之时，才会真正感受到与大自然的沟通。所以，一切注重灵魂生活的人对于卢梭的这话都会有同感："我独处时从来不感到厌烦，闲聊才是我一辈子忍受不了的事情。"这种对于独处的爱好与一个人的性格完全无关，爱好独处的人同样可能是一个性格活泼、喜欢朋友的人，只是无论他怎么乐于与别人交往，独处始终是他生活中的必需。在他看来，一种缺乏交往的生活当然是一种缺陷，一种缺乏独处的生活则简直是一种灾难了。

　　当然，人是一种社会性的动物，他需要与他的同类交往，需要爱和被爱，否则就无法生存。世上没有一个人能够忍受绝对的孤独。但是，绝对不能忍受孤独的人却是一个灵魂空虚的人。世上正有这样的一些人，他们最怕的就是独处，让他们和自己待一会儿，对于他们简直是一种酷刑。只要闲了下来，他们就必须找个地方去消遣，什么卡拉 OK 舞厅啦、录像厅啦、电子娱乐厅啦，或者就找人聊天。自个儿待在家里，他们必定会打开电视机，没完没了地看那些粗制滥造的节目。他们的日子表面上过得十分热闹，实际上他们的内心极其空虚。他们所做的一切都是为了想方设法避免面对面看见自己。对此我只能有一个解释，就是连他们自己也感觉到了自己的贫乏，和这样贫乏的自己待在一起是顶没有意思的，再无聊的消遣也比这有趣得多，这样做的结果是他们变得越来越贫乏，越来越没有了自己，形成了一个恶性循环。

独处的确是一种体验，用它可以测出一个人的灵魂的深度，测出一个人对自己的真正感觉——他是否厌烦自己。对于每一个人来说，不厌烦自己是一个起码要求。一个连自己也不爱的人，我敢断定他对于别人也是不会有多少价值的，他不可能有高质量的社会交往。他跑到别人那里去，对于别人只是一个打扰、一种侵犯。一切交往的质量都取决于交往者本身的质量。唯有在两个灵魂充实丰富的人之间，才可能有真正动人的爱情和友谊。我敢担保历史上和现实生活中找不出一个例子能够驳倒我的这个论断，证明某一个浅薄之辈竟也会有此种美好的经历。

1

我很有兴味地读完了英国医生安东尼·斯托尔所著的《孤独》一书。在我的概念中，孤独是一种具有形而上意味的人生境遇和体验，为哲学家、诗人所乐于探究或描述。我曾担心，一个医生研究孤独，会不会有职业偏见，把它仅仅视为一种病态呢？令我满意的是，作者是一位有着相当人文修养的精神科医生，善于把开阔的人文视野和精到的专业眼光结合起来，因此不但没有抹杀、反而更有说服力地揭示了孤独在人生中的价值，其中也包括它的心理治疗作用。

事实上，精神科医学的传统的确是把孤独仅仅视为一种病态的。按照这一传统的见解，亲密的人际关系是精神健全的最重要标志，是人生意义和幸福的主要源泉甚至唯一源泉。反之，一个成人倘若缺乏建立亲密的人际关系的能力，便表明他的精神成熟进程受阻，亦即存在着某种心理疾患，需要加以治疗。斯托尔写这本书的主旨正是要反对这种偏颇性，在自己的专业领域内为孤独"正名"。他在肯定人际关系的价值的同时，着重论证了孤独也是人生意义的重要源泉，对于具有创造天赋的人来说，甚至是决定性的源泉。

其实，对孤独的贬损并不限于今天的精神科医学领域。早在《伊利亚特》中，荷马已经把无家无邦的人斥为自然的弃物。亚里士多德在他的《政治学》中据以发挥，断言人是最合群的动物，接着说出了一句名言："离群索居者不是野兽，便是神灵。"这话本身说得很漂亮，但他的用意是在前半句，拉扯开来大做文章，压根儿不再提后半句。后来培根引用这话时，干脆说只有前半句是真理，后半句纯属邪说。既然连某些大哲学家也对孤独抱有成见，我就很愿意结合着读斯托尔的书的心得，来说一说我对孤独的价值的认识。

2

交往和独处原是人在世上生活的两种方式，对于每个人来说，这两种方式都是必不可少的，只是比例很不相同罢了。由于性格的差异，有的人更爱交往，有的人更喜独处。人们往往把交往看作一种能力，却忽略了独处也是一种能力，并且在一定意义上是比交往更为重要的一种能力。反过来说，不擅交际固然是一种遗憾，不耐孤独也未尝不是一种很严重的缺陷。

从心理学的观点看，人之需要独处，是为了进行内在的整合。所谓整合，就是把新的经验放到内在记忆中的某个恰当位置上。唯有经过这一整合的过程，外来的印象才能被自我所消化，自我也才能成为一个既独立又生长着的系统。所以，有无独处的能力，关系到一个人能否真正形成一个相对自足的内心世界，而这又会进而影响到他与外部世界的关系。斯托尔引用温尼考特的见解指出，那种缺乏独处能力的人只具有"虚假的自我"，因此只是顺从而不是体验外部世界，世界对于他仅是某种必须适应的对象，而不是可以满足他的主观性的场所，这样的人生当然就没有意义。

事实上，无论活得多么热闹，每个人都必定有最低限度的独处时间，那便是睡眠。不管你与谁同睡，你都只能独自进入你的梦乡。同床异梦是一切人的命运，同时却也是大自然的恩典，在心理上有其必要性。据有的心理学家推测，梦具有与独处相似的整合功能，而不能正常做梦则可能造成某些精神疾患。另一个例子是居丧，对丧亲者而言，最重要的不是他人的同情和劝慰，而是在独处中顺变。正像斯托尔所指出的："这种顺变的过程非常私密，因为事关丧亲者与死者之间的亲密关系，这种关系别人没有分享过，也不能分享。"居丧的本质是面对亡灵时"一个人内心孤独的深处所发生的某件事"。如果人为地压抑这个哀伤过程，则也会导致心理疾病。

关于孤独对于心理健康的价值，书中还有一些有趣的谈论。例如，对外界刺激作出反应是动物的本能，"不反应的能力"则是智慧的要素。又例如，"感觉过剩"的祸害并不亚于"感

【相处】

与人相处，如果你感到格外的轻松，在轻松中又感到真实的教益，我敢断定你一定遇到了你的同类，哪怕你们从事着截然不同的职业。

觉剥夺"。总之，我们不能一头扎在外部世界和人际关系里，而放弃了对内在世界的整合。斯托尔的结论是：内在的心理经验是最奥妙、最有疗效的。荣格后期专门治疗中年病人，他发现，他的大多数病人都很能适应社会，且有杰出的成就，"中年危机"的原因就在于缺少内心的整合，通俗地说，也就是缺乏个性，因而仍然不免感觉人生的空虚。他试图通过一种所谓"个性化过程"的方案加以治疗，使这些病人找到真正属于自己的人生意义。我怀疑这个方案是否当真有效，因为我不相信一个人能够通过心理治疗而获得他本来所没有的个性。不过，有一点倒是可以确定的，即个性以及基本的孤独体验乃是人生意义问题之思考的前提。

3

人类精神创造的历史表明，孤独更重要的价值在于孕育、唤醒和激发了精神的创造力。我们难以断定，这一点是否对所有的人都适用，抑或仅仅适用于那些有创造天赋的人。我们至少应该相信，凡正常人皆有创造力的潜质，区别仅在量的大小而已。

一般而论，人的天性是不愿忍受长期的孤独的，长期的孤独往往是被迫的。然而，正是在被迫的孤独中，有的人的创造力意外地得到了发展的机会。一种情形是牢狱之灾，文化史上的许多传世名作就诞生在牢狱里。例如，波伊提乌斯的《哲学的慰藉》、莫尔的《纾解忧愁之对话》、雷利的《世界史》，都是作者在被处死刑之前的囚禁期内写作的。班扬的《天路历程》、陀思妥耶夫斯基的《死屋手记》也是在牢狱里酝酿的。另一种情形是疾病。斯托尔举了耳聋造成的孤独的例子，这种孤独反而激发了贝多芬、戈雅的艺术想象力。在疾病促进创作方面，我们可以续上一个包括尼采、普鲁斯特在内的长长的名单。太史公所说"左丘失明，厥有国语，孙子膑脚，兵法修列"等等，也涉及了牢狱和疾病之灾与创作的关系，虽然他更多地着眼于苦难中的发愤。强制的孤独不只是造成了一种必要，迫使人把被压抑的精力投于创作，而且我相信，由于牢狱或疾病把人同纷繁的世俗生活拉开了距离，人是会因此获得看世界和人生的一种新的眼光的，而这正是孕育出大作品的重要条件。

不过，对于大多数天才来说，他们之陷于孤独不是因为外在的强制，而是由于自身的气质。大体说来，艺术的天才，例如作者所举的卡夫卡、吉卜林，多是忧郁型气质，而孤独中的写作则是一种自我治疗的方式。如同一位作家所说："我写忧郁，是为了使自己无暇忧郁。"只是一开始作为一种补偿的写作，后来便获得了独立的价值，成了他们乐在其中的生活方式。创作过程无疑能够抵御忧郁，所以，据精神科医生们说，只有那些创作力衰竭的作家才会找他们去治病。但是，据我所知，这时候的忧郁往往是不治的，这类作家的结局不是潦倒便是自杀。另一类是思想的天才，例如作者所举的牛顿、康德、维特根斯坦，则相当自觉地选择了孤独，以便保护自己的内在世界，可以不受他人干扰地专注于意义和秩序的寻求。这种专注和气功状态有类似之处，所以，包括这三人在内的许多哲学家都长寿，也许不是偶然的。

让我回到前面所引的亚里士多德的名言。一方面，孤独的精神创造者的确是野兽，也就是说，他们在社会交往的领域里明显地低于一般人的水平，不但相当无能，甚至有着难以克服的精神障碍。在社交场合，他们往往笨拙而且不安。有趣的是，人们观察到，他们倒比较容易与小孩或者动物相处，那时候他们会感到轻松自在。另一方面，他们却同时又是神灵，也就是说，他们在某种意义上已经超出和不很需要通常的人际交往了，对于他们来说，创造而不是亲密的依恋关系成了生活意义的主要源泉。所以，还是尼采说得贴切，他在引用了"离群索居者不是野兽，便是神灵"一语之后指出：亚里士多德"忽略了第三种情形：必须同时是二者——哲学家……"

4

孤独之为人生的重要体验，不仅是因为唯有在孤独中，人才能与自己的灵魂相遇，而且是因为唯有在孤独中，人的灵魂才能与上帝、与神秘、与宇宙的无限之谜相遇。正如托尔斯泰所说，在交往中，人面对的是部分和人群，而在独处时，人面对的是整体和万物之源。这种面对整体和万物之源的体验，便是一种广义的宗教体验。

在世界三大宗教的创立过程中，孤独的经验都起了关键作用。释迦牟尼的成佛，不但是在出家以后，而且是在离开林中的那些苦行者以后，他是独自在雅那河畔的菩提树下连日冥思，而后豁然彻悟的。耶稣也是在旷野度过了四十天，然后才向人宣示救世的消息。穆罕默德在每年的斋月期间，都要到希拉山的洞窟里隐居。

我相信这些宗教领袖决非故弄玄虚。斯托尔所举的例子表明，在自愿的或被迫的长久独居中，一些普通人同样会产生一种与宇宙融合的"忘形的一体感"，一种"与存在本身交谈"的体验。而且，曾经有过这种体验的人都表示，那些时刻是一生中最美妙的，对于他们的生活观念产生着永久的影响。一个人未必因此就要皈依某一宗教，其实今日的许多教徒并没有真正的宗教体验，一个确凿的证据是，他们不是在孤独中而必须是在寺庙和教堂里，在一种实质上是公众场合的仪式中，方能领会一点宗教的感觉。然而，这种所谓的宗教感，与始祖们在孤独中感悟的境界已经风马牛不相及了。

真正的宗教体验把人超拔出俗世琐事，倘若一个人一生中从来没有过类似的体验，他的精神视野就未免狭隘。尤其是对于一个思想家来说，这肯定是一种精神上的缺陷。一个恰当的例子是弗洛伊德。在与他的通信中，罗曼·罗兰指出：宗教感情的真正来源是"对永恒的一种感动，也就是一种无边无际的大洋似的感觉"。弗洛伊德承认他毫无此种体验，而按照他的解释，所谓与世界合为一体的感觉仅是一种逃避现实的自欺，犹如婴儿在母怀中寻求安全感一样，属于精神退化现象。这位目光锐利的医生总是习惯于把一切精神现象还原成心理现象，所以，他诚然是一位心理分析大师，却终究不是真正意义上的大思想家。

5

在斯托尔的书中，孤独的最后一种价值好像是留给人生最后一个阶段的。他写道："虽然疾病和伤残使老年人在肉体上必须依赖他人，但是感情上的依赖却逐渐减少。老年人对人际关系经常不大感兴趣，较喜欢独处，而且渐渐地较专注于自己的内心。"作者显然是赞赏这一变化的，因为它有助于老年人摆脱对人世的依恋，为死亡做好准备。

中国的读者也许会提出异议。我们目睹的事实是，今天中国的老年人比年轻人更喜欢集体活动，他们聚在一起扭秧歌、跳交谊舞，活得十分热闹，成为中国街头一大景观。然而，凡是到过欧美的人都知道，斯托尔的描述至少对于西方人是准确的，那里的老年人都很安静，绝无扎堆喧闹的癖好。他们或老夫老妻做伴，或单独一人，坐在公园里晒太阳，或者作为旅游者去看某处的自然风光。当然，我们不必在中西养老方式之间进行褒贬。老年人害怕孤独或许是情有可原的，孤独使他们清醒地面对死亡的前景，而热闹则可使他们获得暂时的忘却和逃避。问题在于，死亡终究不可逃避，而有尊严地正视死亡是人生最后的一项光荣。所以，我个人比较欣赏西方人那种平静度过晚年的方式。

对于精神创造者来说，如果他们能够活到老年，老年的孤独心境就不但有助于他们与死亡和解，而且会使他们的创作进入一个新的境界。斯托尔举了贝多芬、李斯特、巴赫、勃拉姆斯等一系列作曲家的例子，证明他们的晚年作品都具有更加深入自己的精神领域、不太关心听众的接受的特点。一般而言，天才晚年的作品是更空灵、更超脱、更形而上的，那时候他们的灵魂已经抵达天国的门口，人间的好恶和批评与他们无关了。歌德从三十八岁开始创作《浮士德》，直到临死前夕即他八十二岁时才完成，应该不是偶然的。

人人都是孤儿

我们为什么会渴望爱？我们心中为什么会有爱？我的回答是：因为我们人人都是孤儿。

当然，除了极少数的例外，我们每个人降生时都是有父有母的，随后又都在父母的抚养下逐渐长大成人。可是，仔细想想，父母孕育我们是一件多么偶然的事啊。大千世界里，凭什么说那个后来成为你父亲的男人与那个后来成为你母亲的女人就一定会相识，一定会结合，并且又一定会在那个刚好能孕育你的时刻做爱？而倘若他们没有相识，或相识了没有结合，或结合了没有在那个时刻做爱，就压根儿不会有你！这个道理可以一直往上推，只要你的祖先中有一对未在某个特定的时刻做爱，就不会有后来导致你诞生的所有世代，也就不会有你。如此看来，我们每一个人都是茫茫宇宙间极其偶然的产物，造化只是借了同样是偶然产物的我们父母的身躯，把我们从虚无中产生了出来。

父母既不是我们在这个世界上诞生的必

然根据，也不能成为保护我们免受人世间种种苦难的可靠屏障。也许在童年的短暂时间里，我们相信在父母的怀抱中找到了万无一失的安全。然而，终有一天，我们会明白，凡降于我们身上的苦难，不论是疾病、精神的悲伤还是社会性的挫折，我们都必须自己承受，再爱我们的父母也是无能为力的。最后，当死神召唤我们的时候，世上绝没有一个父母的怀抱可以使我们免于一死。

因此，从茫茫宇宙的角度看，我们每一个人的确都是无依无靠的孤儿，偶然地来到世上，又必然地离去。正是因为这种根本性的孤独境遇，才有了爱的价值，爱的理由。

人人都是孤儿，所以人人都渴望有人爱，都想要有人疼。我们并非只在年幼时需要来自父母的疼爱，即使在年长时从爱侣那里，年老时从晚辈那里，孤儿寻找父母的隐秘渴望都始终伴随着我们，我们仍然期待着父母式的疼爱。另一方面，如果我们想到与我们一起暂时居住在这颗星球上的任何人，包括我们的亲人，都是宇宙中的孤儿，我们心中就会产生一种大悲悯，由此而生出一种博大的爱心。我相信，爱心最深厚的基础是在这种大悲悯之中，而不是在别的地方。譬如说性爱，当然是离不开性欲的冲动或旨趣的相投的，但是，假如你没有那种把你的爱侣当作一个孤儿来疼爱的心情，我敢断定你的爱情还是比较自私的。即使是子女对父母的爱，其中最刻骨铭心的因素也不是受了养育之后的感恩，而是无法阻挡父母老去的绝望，在这种绝望之中，父母作为无人能够保护的孤儿的形象，清晰地展现在了你的眼前。

1

早晨我说："一天很长，人能遍游整个宇宙。"夜晚我说："一天很短，人不能穷尽一个原子。"

2

夜是不会消失的。我知道，它藏在白天的心里。

3

我什么也不会忘记。世界将忘记一切。

4

我生活在我的思想之中。那把我从中拉了出来的人，是我的救星，还是我的仇敌？

5

幸运的和不幸的人们呵，你们实际上经历过的一切，我在心灵中都经历过。

感觉

6

我年轻得涨满情欲又在情欲的爆炸中失去了躯体，我老得堆满记忆又在记忆的重压下遗忘了一切。

7

有时候，我觉得人类的一切观念在我头脑里都消失得无影无踪了，都成了毫无意义的声音和符号。于是，我感到一种解脱，又感到一种惶恐。

8

我会厌倦一本书、一个人、一间屋子、一座山丘、一条河流，可是，我怎么会厌倦新鲜空气呢?

9

有时候我想：一个人一辈子永远是自己，那也是够单调乏味的。

10

近了，会厌倦；远了，会陌生。不要走近我，也不要离我远去……

11

当我忙忙碌碌时，我多么厌恶自己。宿舍熄灯了，一个十七岁的大学生蹲在走廊的灯光下写诗——我喜欢那时候的我。

12

我生平的野心是：靠我的才能使你的魅力不朽，靠你的魅力使我的才能不朽。

13

这里是我的生命的果实。

请吧，把你们选中的吃掉；剩下的属于我自己，那是我的最好的果实。

14

即使我没有更多的东西可让你们回忆，我也要提供更多的东西让你们忘却。

15

尽管世上有过无数片叶子，还会有无数片叶子，尽管一切叶子都终将凋落，我仍然要抽出自己的绿芽。

16

我预感到在进入永恒的黑夜之前，会有一个耀眼的白昼，在正午太阳的曝晒下，没有阴影，没有色彩，没有苦恼……

17

我不是为你，而是为我自己写的。不过，如果没有你，我就写不出这一切。

18

我始终摆脱不了尴尬：有时是因为我太年轻，世界太老；有时是因为世界还年轻，我却老了。

19

我突然感到这样忧伤。我思念着爱我或怨我的男人和女人，我又想到总有一天他们连同他们的爱和怨都不再存在，如此触动我心绪的这小小的情感天地不再存在，我自己也不再存在。我突然感到这样忧伤……

20

我的情感和理智都是早熟的，意志和经验却永远也成熟不了。

比起那些冷静的人，我有太多的情感。比起那些放纵的人，我有太多的理智。这正是我的不幸。

21

有一天我突然发现，爱情、事业、友谊、名声都消逝了，但我还活着，活得如此单纯坦然。

22

此刻我心中涌现出一些多么生动的感觉，使我确信我活着；正是我，不是别人，这个我不会和别人混同。于是我想：在我的生命中还是有太多的空白，那时候感觉沉睡着，我浑浑噩噩，与芸芸众生没有什么两样。

23

和太强的人在一起，我会感觉不到自己的存在；和太弱的人在一起，我会只感觉到自己的存在。只有和强弱相当的人在一起，我才同时感觉到两个人的存在，在两点之间展开了无限的可能性。

24

种种感触、思绪从心中流过，伸手去捕捉，湿漉漉的手依然是空的。但干吗要去捕捉呢？

【沟通】

孤独中有大快乐，沟通中也有大快乐，两者都属于灵魂。一颗灵魂发现、欣赏、享受自己所拥有的财富，这是孤独的快乐。如果这财富也被另一颗灵魂发现了，便有了沟通的快乐。所以，前提是灵魂的富有。对于灵魂贫乏之辈，不足以言这两种快乐。

25

花的蓓蕾、树的新芽、壁上摇曳的光影、手的轻柔触摸……它们会使人的感官达于敏锐的极致，似乎包含着无穷的意味。相反，繁花簇锦，光天化日，热烈拥抱，真所谓信息爆炸，但感官麻痹了，意味丧失了。

26

夜里睡了一个好觉，早晨起来又遇到一个晴朗的日子，便会有一种格外轻松愉快的心情，好像自己变年轻了，而且会永远年轻下去。

27

繁忙中清静的片刻是一种享受，而闲散中紧张创作的片刻则简直是一种幸福了。

28

梦是景象的流动和重叠。

梦是流水，睡眠是船。水能载舟，也能覆舟。梦的流速均匀时，睡眠最佳。

29

这么好的夜晚，宁静，孤独，精力充沛，无论做什么，都觉得可惜了、糟蹋了。我什么也不做，只是坐在灯前，吸着烟……

我从我的真朋友和假朋友那里抽身出来，回到了我自己。只有我自己。

这样的时候是非常好的。没有爱，没有怨，没有激动，没有烦恼，可是依然强烈地感觉到自己的生存，感到充实。这样的感觉是非常好的。

一个夜晚就这么过去了。可是我仍然不想睡觉。这是这样的一种时候，什么也不想做，包括睡觉。

30

身不由己地卷进大团圆的旋涡，可我始终像个外人，不能感受别人的激动和热烈。有时自以为超脱，有时又不免感到凄凉。我没有家，没有故乡，没有籍贯。文明把我的保护层一层层地剥了去，然后把一个赤裸裸的我抛在世上。

可是，有了你，我的生命终于在这个世界扎了根。我的病态的悲观从你的健康的欢乐受孕，于是，在我枯萎之前，我还来得及在这世界上结下果实。

一个人和三个人称

我、你、他，这是人人皆知的三个人称代词。在一定的语境中，它们被用在不同的人身上。有的作家喜欢用不同的人称来叙述同一个主人公，不断变换视角，使得人物的形象富有立体感。我觉得，我们每一个人也可以用这种方式来看自己。

涉及自己，使用第一人称是习惯成自然的事情了，好像无须多说。我是谁、我要什么、我做了什么、我爱某某、我恨某某，如此等等，似乎一目了然。然而，真正做自己，行己胸臆，表里一致，敢作敢当，并不是容易的事。正因为如此，许多哲人把"成为你自己"看作一个很高的人生目标。另一方面呢，一个人如果只是我行我素，从来不跳出来从别的角度看一看自己，他又是活得很盲目的。所以，其他两个人称的视角也是不可缺少的。

先说第三人称。在别人眼里，我是一个"他"（或"她"）。因此，用第三人称看自己，实际上就是用别人的或是说用社会的眼光看自己，审视一下自己在别人眼里是什么样子，在社会上扮演着什么角色。人不能脱离社会而生活，所以这个视角是必要的。做自己的一个冷眼旁观者和批评者，这是一种修养，它可以使我们保持某种清醒，避免落入自命不凡或者顾影自怜的可笑复可悲的境地。当然，别人的意见只能作参考，为人处世还得自己拿主意。据我观察，在不少人身上，这个视角是过于强大了，以至于他们只是在依据别人的意见生活，陷入了另一种盲目。

如果说第一人称是做自己，第三人称是做自己的旁观者，那么，第二人称就是做自己的朋友。把一个人当做"你"对待，就意味着和这个人面对面，像朋友一样敞开心怀，诚恳交流。如果不是这样，心里仍偷偷地打量着和提防着面前的这个人，那就不是把这个人当做一个"你"，而是当做一个"他"了。与此相类似，当我们把自己看做一个"他"的时候，那眼光往往是冷静的，有时候还是很功利的，衡量的是自己在社会上的表现、作用、地位、名声之类的东西。相反，对自己以"你"相待，就需要一种既超脱又体贴的眼光，所关心的是人生中更本质的方面。这时候，我们就好像把那个在人世间活动着、快乐着、痛苦着的自己迎回家中，怀着关切和理解之情和"他"促膝谈心。人在世上都离不开朋友，但是，最忠实的朋友还是自己，就看你是否善于做自己的朋友了。要能够做自己的朋友，你就必须比那个外在的自己站得更高，看得更远，从而能够从人生的全景出发给他以提醒、鼓励和指导。事实上，在我们每个人身上，除了外在的自我以外，都还有着一个内在的精神性的自我。可惜的是，许多人的这个内在自我始终是昏睡着的，甚至是发育不良的。为了使内在自我能够健康生长，你必须给它以充足的营养。如果你经常读好书、沉思、欣赏艺术等等，拥有丰富的精神生活，你就一定会感觉到，在你身上确实还有一个更高的自我，这个自我是你的人生路上的坚贞不渝的精神密友。

1

　　最真实最切己的人生感悟是找不到言辞的。对于人生最重大的问题，我们每个人都只能在沉默中独自面对。我们可以一般地谈论爱情、孤独、幸福、苦难、死亡等等，但是，倘若这些字眼确有意义，那属于每个人自己的真正的意义始终在话语之外。我无法告诉别人我的爱情有多温柔，我的孤独有多绝望，我的幸福有多美丽，我的苦难有多沉重，我的死亡有多荒谬。我只能把这一切藏在心中。我所说出写出的东西只是思考的产物，而一切思考在某种意义上都是一种逃避，从最个别的逃向最一般的，从命运逃向生活，从沉默的深渊逃向语言的岸。如果说它们尚未沦为纯粹的空洞观念，那也只是因为它们是从沉默中挣扎出来的，身上还散发着深渊里不可名状的事物的气息。

2

　　我不否认人与人之间沟通的可能，但我确信其前提是沉默而不是言辞。梅特林克说

【孤儿】

从茫茫宇宙的角度看，我们每一个人都是无依无靠的孤儿，偶然地来到世上，又必然地离去。正是因为这种根本性的孤独境遇，才有了爱的价值，爱的理由。人人都是孤儿，所以人人都渴望有人爱，都想要有人疼。我们并非只在年幼时需要来自父母的疼爱，即使在年长时从爱侣那里，年老时从晚辈那里，孤儿寻找父母的隐秘渴望都始终伴随着我们，我们仍然期待着父母式的疼爱。

得好：沉默的性质揭示了一个人的灵魂的性质。在不能共享沉默的两个人之间，任何言辞都无法使他们的灵魂发生沟通。对于未曾在沉默中面对过相同问题的人来说，再深刻的哲理也只是一些套话。一个人对言辞理解的深度取决于他对沉默理解的深度，归根结底取决于他的沉默亦即他的灵魂的深度。所以，在我看来，凡有志于探究人生真理的人，首要的功夫便是沉默，在沉默中面对灵魂中真正属于他自己的重大问题。到他有了足够的孕育并因此感到不堪其重负时，一切语言之门便向他打开了，这时他不但理解了有限的言辞，而且理解了言辞背后沉默着的无限的存在。

3

我们的内心经历往往是沉默的。讲自己不是一件随时随地可以进行的容易的事，它需要某种境遇和情绪的触发，一生难得有几回。那些喜欢讲自己的人多半是在讲自己所扮演的角色。

另一方面呢，我们无论讲什么，也总是在曲折地讲自己。

4

一切高贵的情感都羞于表白，一切深刻的体验都拙于言辞。

5

在两性亲昵中，从温言细语到甜言蜜语到花言巧语，语言愈夸张，爱情愈稀薄。达到了顶点，便会发生一个转折，双方恶言相向，爱变成了恨。

真实的感情往往找不到语言，真正的两心契合也不需要语言，谓之默契。

人生中最美好的时刻都是"此时无声胜有声"的，不独爱情如此。

6

真正打动人的感情总是朴实无华的，它不出声，不张扬，埋得很深。沉默有一种特别的力量，当一切喧嚣静息下来后，它仍然在工作着，穿透可见或不可见的间隔，直达人心的最深处。

7

生命中那些最深刻的体验必定也是最无奈的，它们缺乏世俗的对应物，因而不可避免地会被日常生活的潮流淹没。当然，淹没并不等于不存在了，它们仍然存在于日常生活所触及不到的深处，成为每一个人既无法面对也无法逃避的心灵暗流。

8

越是严肃的思想、深沉的情感，就越是难于诉诸语言。大音希声。这里甚至有一种神圣的羞怯，使得一个人难于启齿说出自己最隐秘的思绪，因为它是在默默中受孕的，从来不为人所知，于是便像要当众展示私生子一样的难堪。

9

当生活中的小挫折彼此争夺意义之时，大苦难永远藏在找不到意义的沉默的深渊里。

10

沉默是语言之母，一切原创的、伟大的语言皆孕育于沉默。但语言自身又会繁殖语言，与沉默所隔的世代越来越久远，其品质也越来越退化。

还有比一切语言更伟大的真理，沉默把它们留给了自己。

11

语言是存在的家。沉默是语言的家。饶舌者扼杀沉默，败坏语言，犯下了双重罪过。

12

话语是一种权力——这个时髦的命题使得那些爱说话的人欣喜若狂，他们越发爱说话了，在说话时还摆出了一副大权在握的架势。

我的趣味正相反。我的一贯信念是：沉默比话语更接近本质，美比权力更有价值。在这样的对比中，你们应该察觉我提出了一个相反的命题：沉默是一种美。

13

自己有对自己说话的需要。谁在说？谁在听？有时候是灵魂在说，上帝在听。有时候是上帝在说，灵魂在听。自己对自己说话——这是灵魂与上帝之间的交谈，舍弃此种交谈，就既没有灵魂，也没有上帝。

如果生活只是对他人说话和听他人说话，神圣性就荡然无存。

所以，我怀疑现代哲学中的一切时髦的对话理论，更不必说现代媒体上的一切时髦的对话表演了。

14

在万象喧嚣的背后，在一切语言消失之处，隐藏着世界的秘密。世界无边无际，有声的世界只是其中很小一部分。只听见语言不会倾听沉默的人是被声音堵住了耳朵的聋子。懂得沉默的价值的人却有一双善于倾听沉默的耳朵，如同纪伯伦所说，他们"听见了寂静的唱诗班唱着世纪的歌，吟咏着空间的诗，解释着永恒的秘密"。一个听懂了千古历史和万有存在的沉默的话语的人，他自己一定也是更懂得怎样说话的。

15

让我们学会倾听沉默——

因为在万象喧嚣的背后，在一切语言消失之处，隐藏着世界的秘密。倾听沉默，就是倾听永恒之歌。

因为我们最真实的自我是沉默的，人与人之间真正的沟通是超越语言的。倾听沉默，就是倾听灵魂之歌。

16

当少男少女由两小无猜的嬉笑转入羞怯的沉默时，最初的爱情便来临了。

当诗人由热情奔放的高歌转入忧郁的沉默时，真正的灵感便来临了。

沉默是神的来临的永恒仪式。

17

世上一切重大的事情，包括阴谋与爱情，诞生与死亡，都是在沉默中孕育的。

在家庭中，夫妇吵嘴并不可怕，倘若相对无言，你就要留心了。

在社会上，风潮迭起并不可怕，倘若万马齐喑，你就要留心了。

艾略特说，世界并非在惊天动地的"砰"的一声中，而是在几乎听不见的"嘘"的一声中完结的。末日的来临往往悄无声息。死神喜欢蹑行，当我们听见它的脚步声时，我们甚至来不及停住唇上的生命之歌，就和它打了照面。

当然，真正伟大的作品和伟大的诞生也是在沉默中酝酿的。广告造就不了文豪。哪个自爱并且爱孩子的母亲会在分娩前频频向新闻界展示她的大肚子呢？

18

在最深重的苦难中，没有呻吟，没有哭泣。沉默是绝望者最后的尊严。

在最可怕的屈辱中，没有诅咒，没有叹息。沉默是复仇者最高的轻蔑。

19

沉默就是不说，但不说的原因有种种，例如：因为不让说而不说，那是顺从或者愤懑；因为不敢说而不说，那是畏怯或者怨恨；因为不便说而不说，那是礼貌或者虚伪；因为不该说而不说，那是审慎或者世故；因为不必说而不说，那是默契或者隔膜；因为不屑说而不说，那是骄傲或者超脱。这些都还不是与语言相对立的意义上的沉默，因为心中已经有了话，有了语言，只是不说出来罢了。倘若是因为不可说而不说，那至深之物不能浮现为语言，那至高之物不能下降为语言，或许便是所谓存在的沉默了吧。

20

沉默是一口井，这井里可能藏着珠宝，也可能一无所有。

03

情爱——
品尝爱的千般滋味

1

幸福的悖论

把幸福作为研究课题是一件冒险的事。"幸福"一词的意义过于含混，几乎所有人都把自己向往而不可得的境界称作"幸福"，但不同的人所向往的境界又是多么不同。哲学家们提出过种种幸福论，可以担保的是，没有一种能够为多数人所接受。至于形形色色所谓幸福的"秘诀"，如果不是江湖骗方，也至多是一些老生常谈罢了。

幸福是一种太不确定的东西。一般人把愿望的实现视为幸福，可是，一旦愿望实现了，就真感到幸福么？萨特一生可谓功成愿遂，常人最企望的两件事，爱情的美满和事业的成功，他几乎都毫无瑕疵地得到了，但他在垂暮之年却说："生活给了我想要的东西，同时它又让我认识到这没多大意思。不过你有什么办法？"

所以，我对一切关于幸福的抽象议论都不屑一顾，而对一切许诺幸福的翔实方案则简直要嗤之以鼻了。

最近读莫洛亚的《人生五大问题》，最后一题也是"论幸福"。但在前四题中，他对与人生幸福密切相关的问题，包括爱情和婚姻、家庭、友谊、社会生活，作了生动透剔的论述，令人读而不倦。幸福问题的讨论历来包括两个方面，一是社会方面，关系到幸福的客观条件，另一是心理方面，关系到幸福的主观体验。作为一位优秀的传记和小说作家，莫洛亚的精彩之处是在后一方面。就社会方面而言，他的见解大体是肯定传统的，但由于他体察人类心理，所以并不失之武断，给人留下了思索和选择的余地。

2

自古以来，无论在文学作品中，还是在现实生活中，爱情和婚姻始终被视为个人幸福之命脉所系。多少幸福或不幸的喟叹都缘此而起。按照孔德的说法，女人是"感情动物"，爱情和婚姻对于女人的重要性自不待言。但即使是"行动动物"的男人，在事业上获得了辉煌的成功，倘若在爱情和婚姻上失败了，他仍然会觉得自己非常不幸。

可是，就在这个人们最期望得到幸福的领域里，却很少有人敢于宣称自己是真正幸福的。诚然，热恋中的情人个个都觉得自己是幸福女神的宠儿，但并非人人都能得到热恋的机遇，有许多人一辈子也没有品尝过个中滋味。况且热恋未必导致美满的婚姻，婚后的失望、争吵、厌倦、平淡、麻木几乎是常规，终身如恋人一样缱绻的夫妻毕竟只是幸运的例外。

从理论上说，每一个人在异性世界中都可能有一个最佳对象，一个所谓的"唯一者""独一无二者"，或如吉卜林的诗所云，"一千人中之一人"。但是，人生短促，人海茫茫，这样两个人相遇的几率差不多等于零。如果把幸福寄托在这相遇上，幸福几乎是不可能的。不过，事实上，爱情并不如此苛求，冥冥中也并不存在非此不可的命定姻缘。正如莫洛亚所说："如果因了种种偶然（按：应为必然）之故，一个求爱者所认为独一无二的对象从未出现，那么，差不多近似的爱情也会在另一个对象身上感到。"期待中的"唯一者"，会化身为千百种形象向一个渴望爱情的人走来。也许爱情永远是个谜，任何人无法说清自己所期待的"唯一者"究竟是什么样子的。只有到了堕入情网，陶醉于爱情的极乐，一个人才会惊喜地向自己的情人喊道："你就是我一直期待着的那个人，就是那个唯一者。"

究竟是不是呢？

也许是的。这并非说，他们之间有一种宿命，注定不可能爱上任何别人。不，如果他们不相遇，他们仍然可能在另一个人身上发现自己的"唯一者"。然而，强烈的感情经验已经改变了他们的心理结构，从而改变了他们与其他可能的对象之间的关系。犹如经过一次化合反应，他们都已不是原来的元素，因而不可能再与别的元素发生相似的反应了。在这个意义上，一个人一生只能有一次震撼心灵的爱情，而且只有少数人得此幸遇。

也许不是。因为"唯一者"本是痴情的造影，一旦痴情消退，就不再成其"唯一者"了。莫洛亚引哲学家桑塔耶那的话说："爱情的十分之九是由爱人自己造成的，十分之一才靠那被爱的对象。"凡是经历过热恋的人都熟悉爱情的理想化力量，幻想本是爱情不可或缺的因素。太理智、太现实的爱情算不上爱情。最热烈的爱情总是在两个最富于幻想的人之间发生，不过，同样真实的是，他们也最容易感到幻灭。如果说普通人是因为运气不佳而不能找到意中人，那么，艺术家则是因为期望过高而对爱情失望的。爱情中的理想主义往往导致拜伦式的感伤主义，又进而导致纵欲主义，唐·璜有过一千零三个情人，但他仍然没有找到他的"唯一者"，他注定找不到。

无幻想的爱情太平庸，基于幻想的爱情太脆弱，幸福的爱情究竟可能吗？我知道，有一种真实，它能不断地激起幻想；有一种幻想，它能不断地化为真实。我相信，幸福的爱情是一种能不断地激起幻想又不断地被自身所激起的幻想改造的真实。

3

　　爱情是无形的，只存在于恋爱者的心中，即使人们对于爱情的感受有千差万别，但在爱情问题上很难作认真的争论。婚姻就不同了，因为它是有形的社会制度，立废取舍，人是有主动权的。随着文明的进展，关于婚姻利弊的争论愈演愈烈。有一派人认为婚姻违背人性，束缚自由，败坏或扼杀爱情，本质上是不可能幸福的。莫洛亚引婚姻反对者的话说："一对夫妇总依着两人中较为庸碌的一人的水准而生活的。"此言可谓刻薄。但莫洛亚本人持赞成婚姻的立场，认为婚姻是使爱情的结合保持相对稳定的唯一方式。只是他把艺术家算成了例外。

　　在拥护婚姻的一派人中，对于婚姻与爱情的关系又有不同看法。两个截然不同的哲学家，尼采和罗素，都要求把爱情与婚姻区分开来，反对以爱情为基础的婚姻，而主张婚姻以优生和培育后代为基础，同时保持婚外爱情的自由。法国哲学家阿兰认为，婚姻的基础应是逐渐取代爱情的友谊。莫洛亚修正说："在真正幸福的婚姻中，友谊必得与爱情融和一起。"也许这是一个比较令人满意的答案。爱情基于幻想和冲动，因而爱情的婚姻结局往往不幸。但是，无爱情的婚姻更加不幸。仅以友谊为基础的夫妇关系诚然彬彬有礼，但未免失之冷静。保持爱情的陶醉和热烈，辅以友谊的宽容和尊重，从而除去爱情难免会有的嫉妒和挑剔，正是加固婚姻的爱情基础的方法。不过，实行起来并不容易，其中诚如莫洛亚所说必须有诚意，但单凭诚意又不够。爱情仅是感情的事，婚姻的幸福却是感情、理智、意志三方通力合作的结果，因而更难达到。"幸福的家庭都是相似的；不幸的家庭各有各的不幸。"此话也可解为：千百种因素都可能导致婚姻的不幸，但没有一种因素可以单独造成幸福的婚姻。结婚不啻是把爱情放到琐碎平凡的日常生活中去经受考验。莫洛亚说得好，准备这样做的人不可抱着买奖券侥幸中头彩的念头，而必须像艺术家创作一部作品那样，具有一定要把这部艰难的作品写成功的决心。

4

两性的天性差异可以导致冲突，从而使共同生活变得困难，也可以达成和谐，从而造福人生。

尼采曾说："同样的激情在两性身上有不同的节奏，所以男人和女人不断地发生误会。"可见，两性之间的和谐并非现成的，它需要一个彼此接受、理解、适应的过程。

一般而论，男性重行动，女性重感情；男性长于抽象观念，女性长于感性直觉；男性用刚强有力的线条勾画出人生的轮廓，女性为之抹上美丽柔和的色彩。

欧洲妇女解放运动初起时，一班女权主义者热情地鼓动妇女走上社会，从事与男子相同的职业。爱伦凯女士指出，这是把两性平权误认作两性功能相等了。她主张女子在争得平等权利之后，回到丈夫和家庭那里去，以自由人的身份从事其最重要的工作——爱和培育后代。现代的女权主义者已经越来越重视发展女子天赋的能力，而不再天真地孜孜于抹平性别差异了。

女性在现代社会中的特殊作用尚有待于发掘。马尔库塞认为，由于女性与资本主义异化劳动世界相分离，因此她们能更多地保持自己的感性，比男子更人性化。的确，女性比男性更接近自然，更扎根于大地，有更单纯的、未受污染的本能和感性。所以，莫洛亚说："一个纯粹的男子，最需要一个纯粹的女子去补充他……因了她，他才能和种族这深切的观念保持恒久的接触。"又说："我相信若是一个社会缺少女人的影响，定会堕入抽象，堕入组织的疯狂，随后是需要专制的现象……没有两性的合作，决没有真正的文明。"在人性片面发展的时代，女性是一种人性复归的力量。德拉克罗瓦的名画《自由引导人民》，画中的自由神是一位袒着胸脯、未着军装、面容安详的女子。歌德诗曰："永恒之女性，引导我们走。"走向何方？走向一个更实在的人生，一个更有人情味的社会。

莫洛亚可说是女性的一位知音。人们常说，女性爱慕男性的"力"，男性爱慕女性的"美"。莫洛亚独能深入一步，看出："真正的女性爱慕男性的'力'，因为她们稔知强有力的男子的弱点。""女人之爱强的男子只是表面的，且她们所爱的往往是强的男子的弱点。"我只想补充一句：强的男子可能对千百个只知其强的崇拜者无动于衷，却会在一个知其弱点的女人面前倾倒。

5

男女之间是否可能有真正的友谊？这是在实际生活中常常遇到、常常引起争论的一个难题。即使在最封闭的社会里，一个人恋爱了，或者结了婚，仍然不免与别的异性接触和可能发生好感。这里不说泛爱者和爱情转移者，一般而论，一种排除情欲的澄明的友谊是否可能呢？

莫洛亚对这个问题的讨论是饶有趣味的。他列举了三种异性之间友谊的情形：一方单恋而另一方容忍；一方或双方是过了恋爱年龄的老人；旧日的恋人转变为友人。分析下来，其中每一种都不可能完全排除性吸引的因素。道德家们往往攻击这种"杂有爱的成分的友谊"，莫洛亚的回答是：即使有性的因素起作用，又有什么要紧呢！"既然身为男子与女子，若在生活中忘记了肉体的作用，始终是件疯狂的行为。"

异性之间的友谊即使不能排除性的吸引，它仍然可以是一种真正的友谊。蒙田曾经设想，男女之间最美满的结合方式不是婚姻，而是一种肉体得以分享的精神友谊。拜伦在谈到异性友谊时也赞美说："毫无疑义，性的神秘力量在其中也如同在血缘关系中占据着一种天真无邪的优越地位，把这谐音调弄到一种更微妙的境界。如果能摆脱一切友谊所防止的那种热情，又充分明白自己的真实情感，世间就没有什么能比得上做女人的朋友了，如果你过去不曾做过情人，将来也不愿做了。"在天才的生涯中起重要作用的女性未必是妻子或情人，有不少倒是天才的精神挚友，只要想一想贝蒂娜与歌德、贝多芬，梅森葆夫人与瓦格纳、尼采、赫尔岑、罗曼·罗兰，莎乐美与尼采、里尔克、弗洛伊德，梅克夫人与柴可夫斯基，就足够了。当然，性的神秘力量在其中起着的作用也是不言而喻的。区别只在于，这种力量因客观情境或主观努力而被限制在一个有益无害的地位，既可为异性友谊罩上一种为同性友谊所未有的温馨情趣，又不至像爱情那样激起一种疯狂的占有欲。

6

在经过种种有趣的讨论之后，莫洛亚得出了一个似乎很平凡的结论：幸福在于爱，在于自我的遗忘。

当然，事情并不这么简单。康德曾经提出理性面临的四大二律背反，我们可以说人生也面临种种二律背反，爱与孤独便是其中之一。莫洛亚引用了拉伯雷《巨人传》中的一则故事。巴奴越去向邦太葛吕哀征询关于结婚的意见，他在要不要结婚的问题上陷入了两难的困境：结婚吧，失去自由，不结婚吧，又会孤独。其实这种困境不独在结婚问题上存在。个体与类的分裂早就埋下了冲突的种子，个体既要通过爱与类认同，但又不愿完全融入类之中而丧失自身。绝对的自我遗忘和自我封闭都不是幸福，并且也是不可能的。在爱之中有许多烦恼，在孤独之中又有许多悲凉。另一方面呢，爱诚然使人陶醉，孤独也未必不使人陶醉。当最热烈的爱受到创伤而返诸自身时，人在孤独中学会了爱自己，也学会了理解别的孤独的心灵和深藏在那些心灵中的深邃的爱，从而体味到一种超越的幸福。

　　一切爱都基于生命的欲望，而欲望不免造成痛苦。所以，许多哲学家主张节欲或禁欲，视宁静、无纷扰的心境为幸福。但另一些哲学家却认为拼命感受生命的欢乐和痛苦才是幸福，对于一个生命力旺盛的人，爱和孤独都是享受。如果说幸福是一个悖论，那么，这个悖论的解决正存在于争取幸福的过程之中。其中有斗争，有苦恼，但只要希望尚存，就有幸福。所以，我认为莫洛亚这本书的结尾句是说得很精彩的："若将幸福分析成基本原子时，亦可见它是由斗争与苦恼形成的，唯此斗争与苦恼永远被希望所挽救而已。"

女人和自然

一个男人真正需要的只是自然和女人。其余的一切，诸如功名之类，都是奢侈品。

当我独自面对自然或面对女人时，世界隐去了。当我和女人一起面对自然时，有时女人隐去，有时自然隐去，有时两者都似隐非隐，朦胧一片。

女人也是自然。

文明已经把我们同自然隔离开来，幸亏我们还有女人，女人是我们与自然之间的最后纽带。

男人抽象而明晰，女人具体而混沌。

所谓形而上的冲动总是骚扰男人，他苦苦寻求着生命的家园。女人并不寻求，因为她从不离开家园，她就是生命、土地、花、草、河流、炊烟。

男人是被逻辑的引线放逐的风筝，他在风中飘摇，向天空奋飞，直到精疲力竭，逻辑的引线断了，终于坠落在地面，回到女人的怀抱。

男人一旦和女人一起生活便自以为已经了解女人了。他忘记了一个真理：我们最熟悉的事物，往往是我们最不了解的。

也许，对待女人的最恰当态度是，承认我们不了解女人，永远保持第一回接触女人时的那种新鲜和神秘的感觉。难道两性差异不是大自然的一个永恒奇迹吗？对此不再感到惊喜，并不表明了解增深，而只表明感觉已被习惯磨钝。

我确信，两性间的愉悦要保持在一个满意的程度，对彼此身心差异的那种惊喜之感是不可缺少的条件。

爱和喜欢

"我爱你。"

"不，你只是喜欢我罢了。"她或他哀怨地说。

"爱我吗？"

"我喜欢你。"她或他略带歉疚地回答。

在所有的近义词里，"爱"和"喜欢"似乎被掂量得最多，其间的差别被最郑重其事地看待。这时候男人和女人都成了最一丝不苟的语言学家。

也许没有比"爱"更抽象、更笼统、更歧义、更不可通约的概念了。应该用奥卡姆的剃刀把这个词也剃掉。不许说

"爱"，要说就说一些比较具体的词眼，例如"想念""需要""尊重""怜悯"等等。这样，事情会简明得多。

怎么，你非说不可？好吧，既然剃不掉，它就属于你。你在爱。

爱就是对被爱者怀着一些莫须有的哀怜，做一些不必要的事情：怕她（他）冻着饿着，担心她遇到意外，好好地突然想到她有朝一日死了怎么办，轻轻地抚摸她，好像她是病人又是易损的瓷器。爱就是做被爱者的保护人的冲动，尽管在旁人看来这种保护毫无必要。

风骚和魅力

风骚，放荡，性感，这些近义词之间有着细微的差别。

"性感"译自西文 sex appeal，一位朋友说，应该译作汉语中的"骚"，其含义正相同。怕未必，只要想想有的女人虽骚却并不性感，就可明白。

"性感"是对一个女人的性魅力的肯定评价，"风骚"则用来描述一个女人在性引诱方面的主动态度。风骚也不无魅力。喜同男性交往的女子，或是风骚的，或是智慧的。你知道什么是尤物吗？就是那种既风骚又智慧的女子。

放荡和贞洁各有各的魅力，但更有魅力的是二者的混合：荡妇的贞洁，或贞女的放荡。

调情之妙，在于情似有似无，若真若假，在有无真假之间。太有太真，认真地爱了起来，或全无全假，一点儿不动情，都不会有调情的兴致。调情是双方认可的意淫，以戏谑的方式表白了也宣泄了对于对方的爱慕或情欲。

昆德拉的定义是颇为准确的：调情是并不兑现的性交许诺。

一个真正有魅力的女人，她的魅力不但能征服男人，而且也能征服女人。因为她身上既有性的魅力，又有人的魅力。

好的女人是性的魅力与人的魅力的统一。好的爱情是性的吸引与人的吸引的统一。好的婚姻是性的和谐与人的和谐的统一。

性的诱惑足以使人颠倒一时，人的魅力方能使人长久倾心。

大艺术家兼有包容性和驾驭力，他既能包容广阔的题材和多样的风格，又能驾驭自己的巨大才能。

好女人也如此。她一方面能包容人生丰富的际遇和体验，其中包括男人们的爱和友谊，另一方面又能驾驭自己的感情，不流于轻浮，不会在情欲的汪洋上覆舟。

嫉妒和宽容

性爱的排他性，所欲排除的只是别的同性对手，而不是别的异性对象。它的根据不在性本能中，而在嫉妒本能中。事情够清楚的：自己的所爱再有魅力，也不会把其他所有异

情爱——品尝爱的千般滋味

107

性的魅力都排除掉。在不同异性对象身上，性的魅力并不互相排斥。所以，专一的性爱仅是各方为了照顾自己的嫉妒心理而自觉地或被迫地向对方的嫉妒心理作出的让步，是一种基于嫉妒本能的理智选择。

可是，什么是嫉妒呢？嫉妒无非是虚荣心的受伤。

虚荣心的伤害是最大的，也是最小的，全看你在乎的程度。

在性爱中，嫉妒和宽容各有其存在的理由。如果你真心爱一个异性，当他（她）与别人发生性爱关系时，你不可能不嫉妒。如果你是一个通晓人类天性的智者，你又不会不对他（她）宽容。这是带着嫉妒的宽容和带着宽容的嫉妒。二者互相约束，使得你的嫉妒成为一种有尊严的嫉妒，你的宽容也成为一种有尊严的宽容。相反，在此种情境中一味嫉妒，毫不宽容，或者一味宽容，毫不嫉妒，则都是失了尊严的表现。

好的爱情有韧性，拉得开，但又扯不断。

相爱者互不束缚对方，是他们对爱情有信心的表现。谁也不限制谁，到头来仍然是谁也离不开谁，这才是真爱。

弹性和灵性

我所欣赏的女人，有弹性，有灵性。

弹性是性格的张力。有弹性的女人，性格柔韧，伸缩自如。她善于妥协，也善于在妥协中巧妙地坚持。她不固执己见，但在不固执中自有一种主见。

都说男性的优点是力，女性的优点是美。其实，力也是好女人的优点。区别只在于，男性的力往往表现为刚强，女性的力往往表现为柔韧。弹性就是女性的力，是化作温柔的力量。

弹性的反面是僵硬或软弱。和僵硬的女人相处，累；和软弱的女人相处，也累。相反，有弹性的女人既温柔，又洒脱，使人感到双倍的轻松。

如果说爱是一门艺术，那么，弹性便是善于爱的女子固有的艺术气质。

灵性是心灵的理解力。有灵性的女人天生蕙质，善解人意，善悟事物的真谛。她极其单纯，在单纯中却有一种惊人的深刻。

如果说男性的智慧偏于理性，那么，灵性就是女性的智慧，它是和肉体相融合的精神，未受污染的直觉，尚未蜕化为理性的感性。

灵性的反面是浅薄或复杂。和浅薄的女人相处，乏味；和复杂的女人相处，也乏味。有灵性的女人则以她的那种单纯的深刻使我们感到双倍的韵味。

所谓复杂的女人，既包括心灵复杂，工于利益的算计，也包括头脑复杂，热衷于抽象的推理。在我看来，两者都是缺乏灵性的表现。

有灵性的女子最宜于做天才的朋友，她既能给天才以温馨的理解，又能纠正男性智慧的偏颇。在幸运天才的生涯中，往往有这类女子的影子。未受这类女子滋润的天才，则每每因孤独和偏执而趋于狂暴。

其实，弹性和灵性是不可分的。灵性其内，弹性其外。心灵有理解力，接人待物才会宽容灵活。相反，僵硬固执之辈，天性必愚钝。

灵性与弹性的结合，表明真正的女性智慧也具一种大器，而非琐屑的小聪明。智慧的女子一定有大家风度。

弹性和灵性又是我所赞赏的两性关系的品格。

好的两性关系有弹性，彼此既非僵硬地占有，也非软弱地依附。相爱的人给予对方的最好礼物是自由。两个自由人之间的爱，拥有必要的张力。这种爱牢固，但不板结；缠绵，但不黏滞。没有缝隙的爱太可怕了，爱情在其中失去了自由呼吸的空间，迟早要窒息。

好的两性关系当然也有灵性，双方不但获得官能的满足，而且获得心灵的愉悦。现代生活的匆忙是性爱的大敌，它省略细节，缩减过程，把两性关系简化为短促的发泄。两性的肉体接触更随便了，彼此在精神上却更陌生了。

爱有一千个定义，没有一个定义能够把它的内涵穷尽。

当然，爱首先是一种迷恋。情人之间必有一种痴迷的心境和一种依恋的情怀，否则算什么堕入情网呢。可是，仅仅迷恋还不是爱情。好色之徒猎艳，无知少女追星，也有一股迷恋的劲儿，却与爱情风马牛不相及。即使自以为堕入情网的男女，是否真爱也有待岁月检验。一份爱情的生存时间或长或短，但必须有一个最短限度，这是爱情之为爱情的质的保证。小于这个限度，两情无论怎样热烈，也只能算作一时的迷恋，不能称作爱情。

所以，爱至少应该是一种相当长久的迷恋。迷恋而又长久，就有了互相的玩味和欣赏，爱便是这样一种乐此不疲的玩味和欣赏。两个相爱者之间必定是常常互相玩味的，而且是不由自主地要玩，越玩越觉得有味。如果有一天觉得索然无味，毫无玩兴，爱就荡然无存了。

【轻慢】

事实上，绝大多数人的潜能有太多未被发现和运用。由于环境的逼迫、利益的驱使或自身的懒惰，人们往往过早地定型了，把偶然形成的一条窄缝当成了自己的生命之路，只让潜能中极小一部分从那里释放，绝大部分遭到了弃置。人们是怎样轻慢地亏待自己只有一次的生命啊。

迷恋越是长久，其中热烈痴迷的成分就越是转化和表现为深深的依恋，这依恋便是痴迷的天长日久的存在形式。由于这深深的依恋，爱又是一种永无休止的惦念。有爱便有牵挂，而且牵挂得似乎毫无理由，近乎神经过敏。你在大风中行走，无端地便担心爱人的屋宇是否坚固。你在睡梦中惊醒，莫名地便忧虑爱人的旅途是否平安。哪怕爱人比你强韧，你总放不下心，因为在你眼中她（他）永远比你甚至比一切世人脆弱，你自以为比世人也比她（他）自己更了解她（他），唯有你洞察那强韧外表掩盖下的脆弱。

于是，爱又是一种温柔的呵护。不论男女，真爱的时候必定温柔。爱一个人，就是心疼她、怜她、宠她，所以有"疼爱""怜爱""宠爱"之说。心疼她，因为她受苦；怜她，因为她弱小；宠爱她，因为她这么信赖地把自己托付给你。女人对男人也一样。再幸运的女人也有受苦的时候，再强大的男人也有弱小的时候，所以温柔的呵护总有其理由和机会。爱本质上是一种指向弱小者的感情，在爱中，占优势的是提供保护的冲动，而非寻求依靠的需要。如果以寻求强大的靠山为鹄的，那么，正因为再强的强者也有弱的时候和方面，使这种结合一开始就隐藏着破裂的必然性。

如此看来，爱的确是一种给予和奉献。但是，对于爱者来说，这给予是必需，是内在丰盈的流溢，是一种大满足。温柔也是一种能量，如果得不到释放，便会造成内伤，甚至转化为粗暴和冷酷。好的爱情能使双方的这种能量获得最佳释放，这便是爱情中的幸福境界。因此，真正相爱的人总是庆幸自己所遇恰逢其人，为此而对上天满怀感恩之情。

我听见一个声音嘲笑道：你所说的这种爱早已过时，在当今时代纯属犯傻。好吧，我乐于承认，在当今这个讲究实际的时代，爱便是一种犯傻的能力。可不，犯傻也是一种能力，无此能力的至多只犯一次傻，然后就学聪明了，从此看破了天下一切男人或女人的真相，不再受爱蒙蔽，而具备这种能力的人即使受挫仍不吸取教训，始终相信世上必有他所寻求的真爱。正是因为仍有这些肯犯傻能犯傻的男女存在，所以寻求真爱的努力始终是有希望的。

爱情是一条流动的河

"一个人只要领略过爱情的纯真喜悦，那么，不论他在精神和智力生活中得到过多么巨大的乐趣，恐怕他都会将自己的爱情经历看作一生旅程中最为璀璨耀眼的一个点。"这段话不是出自某个诗人之手，而是引自马尔萨斯的经济学名著《人口论》。一位经济学家在自己的主要学术著作中竟为爱情唱起了赞歌，这使我倍觉有趣。

可是，我仍然要提出一个异议：爱情经历仅是一个人一生旅程中的一个点吗？它真的那么确定，那么短促？

这个问题换一种表达便是：当我们回顾自己的爱情经历时，我们有什么理由断定哪一次或哪一段是真正的爱情，从而把其余的排除在外？

毫无疑问，热恋的经历是令人格外难忘的。然而，热恋往往难于持久，其结局或者是猝然中止，两人含怨分手，或者是逐渐降温，转变为婚姻中的亲情或婚姻外的友情。在现实生活中，这种情况造成了许多困惑。

一些人因为热恋关系的破裂而怀疑曾有的热恋是真正的爱情，贬之为一场误会，就像一首元曲中形容的那样彼此翻脸，讨回情书"都扯做纸条儿"。另一些人则因为浪漫激情的消逝而否认爱情在婚姻中继续存在的可能性，其极端者便如法国作家杜拉斯所断言，夫妻之间最真实的东西只能是背叛。

究竟什么是真正的爱情？如果它是指既不会破裂也不会降温的永久的热恋，那么，世上究竟有没有真正的爱情？如果没有，那么，我们是否应该重新来给它定义？正是这一系列疑问促使我越来越坚定地主张：在给爱情划界时要宽容一些，以便为人生中种种美好的遭遇保留怀念的权利。

在最宽泛的意义上，爱情就是两性之间的相悦，是在与异性交往中感受到的身心的愉快，是因为异性世界的存在而感觉世界之美好的心情。一个人的爱情经历并不限于与某一个或某几个特定异性之间的恩恩怨怨，而且也是对于整个异性世界的总体感受。因此，不但热恋是爱情，婚姻的和谐是爱情，而且一切与异性之间的美好交往，包括短暂的邂逅，持久而默契的友谊，乃至毫无结果的单相思，留在记忆中的定睛的一瞥，在这最宽泛的意义上都可以包容到一个人的爱情经历之中。

爱情不是人生中一个凝固的点，而是一条流动的河。这条河中也许有壮观的激流，但也必然会有平缓的流程，也许有明显的主航道，但也可能会有支流和暗流。除此之外，天上的云彩和两岸的景物会在河面上映出倒影，晚来的风雨会在河面上吹起涟漪，打起浪花。让我们承认，所有这一切都是这条河的组成部分，共同造就了我们生命中的美丽的爱情风景。

1

　　孤独是人的宿命，它基于这样一个事实：我们每个人都是这世界上一个旋生旋灭的偶然存在，从无中来，又要回到无中去，没有任何人任何事情能够改变我们的这个命运。是的，甚至连爱也不能。凡是领悟人生这样一种根本性孤独的人，便已经站到了一切人间欢爱的上方，爱得最热烈时也不会做爱的奴隶。

2

　　有两种孤独。

　　灵魂寻找自己的来源和归宿而不可得，感到自己是茫茫宇宙中的一个没有根据的偶然性，这是绝对的、形而上的、哲学性质的孤独。灵魂寻找另一颗灵魂而不可得，感到自己是人世间的一个没有旅伴的漂泊者，这是相对的、形而下的、社会性质的孤独。

　　前一种孤独使人走向上帝和神圣的爱，

或者遁入空门。后一种孤独使人走向他人和人间的爱，或者陷入自恋。

一切人间的爱都不能解除形而上的孤独。然而，谁若怀着形而上的孤独，人间的爱在他眼里就有了一种形而上的深度。当他爱一个人时，他心中会充满佛一样的大悲悯。在他所爱的人身上，他又会发现神的影子。

3

孤独源于爱，无爱的人不会孤独。

也许孤独是爱的最意味深长的赠品，受此赠礼的人从此学会了爱自己，也学会了理解别的孤独的灵魂和深藏于它们之中的深邃的爱，从而为自己建立了一个珍贵的精神世界。

4

生命纯属偶然，所以每个生命都要依恋另一个生命，相依为命，结伴而行。

生命纯属偶然，所以每个生命都不属于另一个生命，像一阵风，无牵无挂。

每一个问题至少有两个相反的答案。

5

当一个孤独寻找另一个孤独时，便有了爱的欲望。可是，两个孤独到了一起就能够摆脱孤独了吗？

孤独之不可消除，使爱成了永无止境的寻求。在这条无尽的道路上奔走的人，最终就会看破小爱的限度，而寻求大爱，或者——超越一切爱，而达于无爱。

6

人在世上是需要有一个伴的。有人在生活上疼你，终归比没有好。至于精神上的幸福，这只能靠你自己——永远如此。只要你心中的那个美好的天地完好无损，那块新大陆常新，就没有人能夺走你的幸福。

7

那些不幸的天才，例如尼采和凡·高，他们最大的不幸并不在于无人理解，因为精神上的孤独是可以用创造来安慰的，而恰恰在于得不到普通的人间温暖，活着时就成了被人群遗弃的孤魂。

3

独身的最大弊病是孤独，乃至在孤独中死去。可是，孤独既是一种痛苦，也是一种享受，而再好的婚姻也不能完全免除孤独的痛苦，却多少会损害孤独的享受。至于死，任何亲人的在场都不能阻挡它的必然到来，而且死在本质上总是孤独的。

9

当我们知道了爱的难度，或者知道了爱的限度，我们就谈论友谊。当我们知道了友谊的难度，或者知道了友谊的限度，我们就谈论孤独。当然，谈论孤独仍然是一件非常奢侈的事情。

10

"有人独倚晚妆楼"——何等有力的引诱！她以醒目的方式提示了爱的缺席。女人一孤独，就招人怜爱了。

相反，在某种意义上，孤独是男人的本分。

11

我爱她，她成了我的一切，除她之外的整个世界似乎都不存在了。

那么，一旦我失去了她，是否就失去了一切呢？

不。恰恰相反，整个世界又在我面前展现了。我重新得到了一切。

12

未经失恋的人不懂爱情，未曾失意的人不懂人生。

【相爱】

看两人是否相爱，一个可靠尺度是看他们是否互相玩味和欣赏。

两个相爱者之间必定是常常互相玩味的，而且是不由自主地要玩，越玩越觉得有味。如果有一天觉得索然无味，毫无玩兴，爱就荡然无存了。

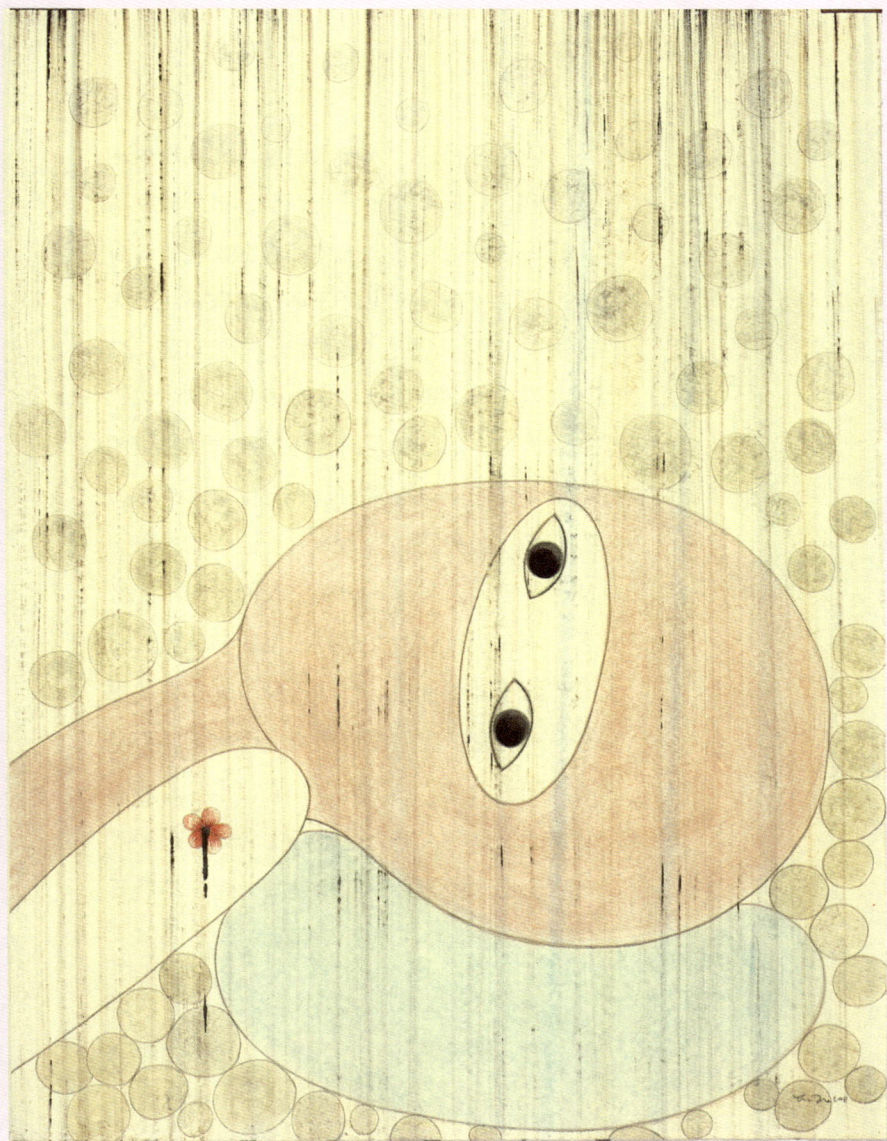

在黑暗中并肩行走

人们常常说，人与人之间，尤其相爱的人之间，应该互相了解和理解，最好做到彼此透明、心心相印。史怀泽却在《我的青少年时代》（中译文见陈泽环译《敬畏生命》一书）中说，这是不可能的，即使可能，任何人也无权对别人提出这种要求。"不仅存在着肉体上的羞耻，而且还存在着精神上的羞耻，我们应该尊重它。心灵也有其外衣，我们不应脱掉它。"如同对于上帝的神秘一样，对于他人灵魂的神秘，我们同样不能像看一本属于自己的书那样去阅读和认识，而只能给予爱和信任。每个人对于别人来说都是一个秘密，我们应该顺应这个事实。相爱的人们也只是"在黑暗中并肩行走"，所能做到的仅是各自努力追求心中的光明，并互相感受到这种努力，互相鼓励，而"不需要注视别人的脸和探视别人的心灵"。

读着这些精彩无比的议论，我无言而折服，它们使我瞥见了史怀泽的"敬畏生命"伦理学的深度。凡是有着深刻而丰富的内心生活的人，必然会深知一切精神事物的神秘性并对之充满敬畏之情，史怀泽就是这样的一个人。在他看来，一切生命现象都是世界某种神秘的精神本质的显现，由此他提出了敬畏一切生命的主张。在一切生命现象中，尤以人的心灵生活最接近世界的这种精神本质。因而，他认为对于敬畏世界之神秘本质的人来说，"敬畏他人的精神本质"乃是不言而喻的事情。

以互相理解为人际关系的鹄的，其根源就在于不懂得人的心灵生活的神秘性。按照这一思路，人们一方面非常看重别人是否理解自己，甚至公开索取理解。至少在性爱中，索取理解似乎成了一种最正当的行为，而指责对方不理解自己则成了最严厉的谴责，有时候还被用作破裂前的最后通牒。另一方面，人们又非常踊跃地要求理解别人，甚至以此名义强迫别人袒露内心的一切，一旦遭到拒绝，便斥以缺乏信任。在爱情中，在亲情中，在其他较亲密的交往中，这种因强求理解和被理解而造成的有声或无声的战争，我们见得还少吗？可是，仔细想想：我们对自己又真正理解了多少？一个人懂得了自己理解自己之困难，他就不会强求别人完全理解自己，也不会奢望自己完全理解别人了。

在最内在的精神生活中，我们每个人都是孤独的，爱并不能消除这种孤独；但正因为由己及人地领悟到了别人的孤独，我们内心才会对别人充满最诚挚的爱。我们在黑暗中并肩而行，走在各自的朝圣路上，无法知道是否在走向同一个圣地，因为我们无法向别人甚至向自己说清心中的圣地究竟是怎样的。然而，同样的朝圣热情使我们相信，也许存在着同一个圣地。作为有灵魂的存在物，人的伟大和悲壮尽在于此了。

爱的反义词不是孤独。在我们的心灵深处，爱与孤独其实是同一种感情，它们如影随形，不可分离。愈是在我们感到孤独之时，我们便愈是怀有强烈的爱之渴望。也许可以说，一个人对孤独的体验与他对爱的体验是成正比的，他的孤独的深度大致决定了他的爱的容量。反过来说也一样，人类思想史和艺术史上的那些伟大的灵魂，其深不可测的孤独岂不正是源自那博大无际的爱，而这爱不是有限的人世事物所能满足的？孤独和爱是互为根源的，孤独无非是爱寻求接受而不可得，而爱也无非是对他人之孤独的发现和抚慰。在爱与孤独之间并不存在此长彼消的关系，现实的人间之爱不可能根除心灵对于孤独的体验，而且在我看来，我们也不应该对爱提出这样的要求，因为一旦没有了孤独的体验，爱便失去了品格和动力。在两个不懂得品味孤独之美的人之间，爱必流于琐屑与平庸。

爱的反义词也不是恨。一个心中没有爱

的人，他对什么都不在乎，也就不会恨什么。之所以爱憎分明，是因为有执著的爱，有鲜明的价值取向。在现实生活中，爱转化为恨的事例更是司空见惯，而这种转化之所以可能，就是因为两者原是同一激情的不同形态。爱是关切，关切就会在乎，在乎就难免挑剔，于是生出了无穷的恩恩怨怨。当然，一般而言，那种容易陷入恩怨是非的爱的气象未免渺小，其中还混杂了太多的得失计较。大爱不求回报，了断浮世恩怨。然而，当大爱者的救世抱负受挫之时，大爱也会表现为像鲁迅那样"哀其不幸，怒其不争"的大恨。总之，一切人世的爱，都是不能割断与恨的联系的。

那么，爱的反义词是什么呢？哪一种情感状态与爱截然相反，是爱的毋庸置疑的对立面呢？回答只能是：冷漠。孤独者和恨者都是会爱的，冷漠者却与爱完全无缘。如果说孤独是爱心的没有着落，恨是爱心的受挫，那么，冷漠就是爱心的死灭。一个冷漠的人，他不但没有爱心，我们甚至可以说他没有心，没有灵魂。因为爱心原是灵魂的核心，灵魂借爱而活着、感受着、生长着。无爱的灵魂中没有了一切积极的情感，这样的灵魂已经名存实亡。无论对于个人来说，还是对于社会来说，真正可怕的是冷漠，它使个人失去生活的意义，使社会发生道德的危机。在我看来，当今社会最触目惊心的现象之一便是人心的冷漠。

最近屡屡读到汽车司机肇事后把受害者处死然后逃逸的报道，处死的方式包括回车碾压伤者、把伤者扔进污水沟、带着被卷入车下的伤者继续驰行等等，无不令人发指。毫无疑问，这些罪犯对于受害者无仇无恨，他们仅仅是为了逃避对己的惩罚而不惜虐杀他人的生命，而这种惩罚本来只不过是使他们受短暂的牢狱之灾或一些财产损失而已，与一条生命的价值不可同日而语。这当然是冷漠的极端例子，然而，这类恶性事件的增多是有社会的基础的，暴露了社会上相当普遍的重利轻情、见利忘义的倾向。

在一个太重功利的社会里，冷漠会像病毒一样传播，从而使有爱心的人更感到孤独，甚至感到愤恨。不过，让我们记住，我们不要由孤独和愤恨而堕入冷漠，保护爱心、拒绝冷漠乃是我们对于自己的灵魂的一份责任，也是我们对于社会的一份责任。

04

追问与沉思——
曲径通幽处，思想的漫步

時間之谜

1

时间于人生的重要性似乎是一目了然的：时间的流逝改变着人生的场景，时间的悠长衬托了人生的短暂。但是，时间又是一个千古之谜，一个绝对的悖论。我们既无法理解它以瞬息的形式存在，因为瞬息就意味着向不存在转化。我们也无法理解它以永恒的形式存在，因为永恒就意味着超越了时间。我们甚至无法说清时间究竟是否存在，它到底是什么。可是，它太重要了，我们不能不去说它，哪怕只是说一说我们的困惑。

2

一切关于时间的定义或者是文学化的描述和比喻，例如"流逝""绵延"之类，或者是数字化的量度，例如年、月、日之类。对于时间不可能给出一个哲学的定义。其原因就在于：时间是没有一个本质的；或者更直截了当地说，根本就不存在时间这种东西。

我们对于时间的想象也超不出这两种方式。因此，譬如说，我们无法想象上帝眼中的那种永不流逝、不可量度的时间，即所谓"永恒"。

我们唯一能理解的时间是历史——人类的历史或者人类眼中的自然界的历史。历史总是涉及一个有生有灭的事物，而世界本身是一个无始无终的过程，无所谓历史，一切历史都只不过是人类凭借自己的目力所及而从世界过程中截取的一个片断罢了。

3

我们的时间感觉根源于个体生命的暂时性，倘若人能够不死，我们便不会感觉到岁月的流逝。我们之所以以现在为分界点，把时间划分为过去、现在和未来，实在是因为我们不无恐惧地意识到，终有一天我们将不再有现在。也是生命匆匆的忧虑使我们感到困惑：过去不复存在，未来尚未存在，现在转瞬即逝，时间究竟在哪里？如果生命永在，我们就会拥有一个包含着无尽过去和无尽未来的永恒的现在，我们就一定不会感觉到时间以及时间的虚幻了。

4

人生的秘密尽在时间，在时间的魔法和骗术，也在时间的真相和实质。时间把种种妙趣赐给人生：回忆，幻想，希望，遗忘……人生是过于依赖时间了，但时间本身又是不折不扣的虚无，是绝对的重复，是人心的一个虚构。哲学中没有比这更难解开的鬼结了。

5

我的一切都存在时间那里，花掉了不少，还剩下一些，可都是支取的同时就花掉，手上什么也没有。

6

有时候，我觉得我已经活了很久很久，我的记忆是一座复杂的迷宫。有时候，我又觉得我的生活昨天才开始，我的记忆是一片空白。我知道，这种矛盾的感觉会延续到生命的终结。

记忆是我们体悟时间的唯一手段，可是谁能够从记忆中找出时间的刻度呢？

7

假如一个人不知道自己的年龄，他能否根据头脑里积累的印象来判断这个年龄呢？几乎不可能。有的人活了很久，印象少得可怜。有的人还年轻，印象却很丰富了。如此看来，寿数实在是无稽的。我比你年轻十岁，假定我们将在同日死，即我比你短十年寿。但此时此刻，我心灵中的体验和大脑中的印象比你丰富得多，你那多活了的十年对于你又有什么意义呢？它们甚至连记忆也不是，因为抽象的绝对时间是无法感受因而也无法记忆的，我们只能记住事件和印象。于是，只剩下了一个"多活十年"或"早生十年"的空洞的观念。

8

人类为何要执拗地寻求一种超越时间和空间的本体（梵、太一、道、理念……）呢？为了摆脱自我的局限性。正是在时间和空间中，人的个体生命的存在才显出了它的渺小和空幻。

9

人生活在时间和空间的交叉点上，向两个方向瞻望永恒，得到的却永远是瞬息。

10

希腊人有瞬时，中世纪人有永恒。现代人既没有瞬时，也没有永恒，他生活在两者的交接点上——生活在时间中。瞬时和永恒都是非时间、超时间的。时间存在于两者的关系之中。

11

究竟是时间在流逝，还是我在前行？

在日记里留下的是时光，还是我自己，抑或只是文字的癖好？

如果坚硬的牙齿也被时光磨损了，那么，柔软的内脏又怎么逃脱得了？

12

有两种还原。每一个当下的生命状态都是独一无二、不可重复的，但是人却要把它们削齐拉平，整理归类，还原为无个性的概念。结果是扼杀了这些独特的生命状态。另一种还原正是出于对独特的生命状态的珍视，既然每一个当下的生命状态都会消逝，而人无论如何不愿失去它们，于是竭力要把它们与某种终极价值联系起来。

科学上的还原是把瞬时平均化，哲学上的还原是把瞬时永恒化。

13

人有两种冲动。一种是审美的冲动，陶醉于当下瞬时的独特感受。一种是形而上的冲动，渴望永恒。每一个大哲学家、大艺术家的伟大就在于，以一种独特的方式沟通了这两种冲动。

每一个当下的生命状态的意义就在于其不可重复性，但人还是要寻求一种使这一切不可重复的个别状态不致失落的恒在的意义。正因为珍惜瞬时，一心挽住瞬时，人才渴求永恒。

然而，瞬时不可挽留，永恒不可企及，这是艺术与哲学的共同悲哀。

14

思得永恒和不思永恒的人都是幸福的。不幸的是那些思而不得的人。但是，一个寻找终极价值而终于没有找到的人，他真的一无所获吗？至少，他获得了超越一切相对价值的眼光和心境，不会再陷入琐屑的烦恼和平庸的忧患之中。不问终极价值的价值哲学只是庸人哲学。

15

"二十世纪已临近结束，值此世纪末之际，您一定很有感想。"

"啊不，"我面露惭色，"我没有什么感想。"

"这绝不可能。在这个世纪里，我们这一代人饱经沧桑，您也不例外嘛。"

"对对，我这些年经厉的坎坷也真不少……"

"所以，对于您来说，二十世纪是一个不平凡的世纪，

【经历】

对于自己的经历应该采取这样的态度：一是尽可能地诚实，正视自己的任何经历，尤其是不愉快的经历，把经历当作人生的宝贵财富；二是尽可能地超脱，从自己的经历中跳出来，站在一个比较高的位置上看它们，把经历当作认识人性的标本。

值得好好总结一下。"

　　"的确不平凡，若不是二十世纪，我就不会经历这么多坎坷，而且根本就不会有我，因为我是在二十世纪出生的。"

1

高鹗续《红楼梦》、金圣叹腰斩《水浒》，其功过是非，累世迄无定论。我们只知道一点：中国最伟大的两部古典小说处在永远未完成之中，没有一个版本有权自命是唯一符合作者原意的定本。

舒伯特最著名的交响曲只有两个乐章，而非如同一般交响曲那样有三至四个乐章，遂被后人命名为《未完成》。好事者一再试图续写，终告失败，从而不得不承认：它的"未完成"也许比任何"完成"更接近完美的形态。

卡夫卡的主要作品在他生前均未完成和发表，他甚至在遗嘱中吩咐把它们全部焚毁。然而，正是这些他自己不满意的"未完成"之作，死后一经发表，便奠定了他在世界文学史上的巨人地位。

凡大作家，哪个不是在死后留下了许多未完成的手稿？即使生前完成的作品，他们何尝不是常怀一种未完成的感觉，总觉得未尽人意，有待完善？每一个真正的作家都有一个梦：写出自己最好的作品。可是，每写完一部作品，他又会觉得那似乎即将写出的最好的作品仍未写出。也许，直到生命终结，他还在为未能写出自己最好的作品而抱憾。然而，正是这种永远未完成的心态驱使着他不断超越自己，取得了那些自满之辈所不可企及的成就。在这个意义上，每一个真正的作家一辈子只是在写一部作品——他的生命之作，只要他在世一日，这部作品就不会完成。

而且，一切伟大的作品在本质上是永远未完成的，它们的诞生仅是它们生命的开始，在今后漫长的岁月中，它们仍在世世代代读者心中和文化史上继续生长，不断被重新解释，成为人类永久的精神财富。

而那些平庸作家的趋时之作，不管如何畅销一时，绝无持久的生命力。而且我可以断言：不必说死后，就在他们活着时，你去翻检这类作家的抽屉，也肯定找不到积压的未完成稿。不过，他们也谈不上完成了什么，而只是在制作和销售罢了。

2

无论在文学作品中，还是在现实生活中，最动人心魄的爱情似乎都没有圆满的结局。由于社会的干涉、天降的灾祸、机遇的错位等外在困境，或由于内心的冲突、性格的悲剧、致命的误会等内在困境，有情人终难成为眷属。然而，也许正因为未完成，我们便在心中用永久的怀念为它们罩上了一层圣洁的光辉。终成眷属的爱情则不免黯然失色，甚至因终成眷属而寿终正寝。

这么说来，爱情也是因未完成而成其完美的。

其实，一切真正的爱情都是未完成的。不过，对于这"未完成"，不能只从悲剧的意义上作狭隘的理解。真正的爱情是两颗心灵之间不断互相追求和吸引的过程，这个过程不应该因为结婚而终结。以婚姻为爱情的完成，这是一个有害的观念——在此观念支配下，结婚者自以为大功告成，已经获得了对方，不需要继续追求了。可是，求爱求爱，爱即寓于追求之中，一旦停止追求，爱必随之消亡。相反，好的婚姻则应当使爱情始终保持未完成的态势。也就是说，相爱双方之间始终保持着必要的距离和张力，各方都把对方看作独立的个人，因而是一个永远需要重新追求的对象，决不可能一劳永逸地加以占有。在此态势中，彼此才能不断重新发现和欣赏，而非互相束缚和厌倦，爱情才能获得继续生长的空间。

当然，再好的婚姻也不能担保既有的爱情永存，杜绝新的爱情发生的可能性。不过，这没有什么不好。世上没有也不该有命定的姻缘。人生魅力的前提之一恰恰是：新的爱情的可能性始终向你敞开着，哪怕你并不去实现它们。如果爱情的天空注定不再有新的云朵飘过，异性世界对你不再有任何新的诱惑，人生岂不太乏味了？靠闭关自守而得维持其专一长久的爱情未免可怜，唯有历尽诱惑而不渝的爱情才富有生机，真正值得自豪。

3

弗洛斯特在一首著名的诗中叹息：林中路分为两股，走上其中一条，把另一条留给下次；可是再也没有下次了，因为走上的这一条路又会分股，如此至于无穷，不复有可能回头来走那条未定的路了。

这的确是人生境况的真实写照。每个人的一生都包含着许多不同的可能性，而最终得到实现的仅是其中极小的一部分，绝大多数可能性被舍弃了，似乎浪费掉了。这不能不使我们感到遗憾。

但是，真的浪费掉了吗？如果人生没有众多的可能性，人生之路沿着唯一命定的轨迹伸展，我们就不遗憾了吗？不，那样我们会更受不了。正因为人生的种种可能性始终处于敞开的状态，我们才会感觉到自己是命运的主人，从而踌躇满志地走自己正在走着的人生之路。绝大多数可能性尽管未被实现，却是现实人生不可缺少的组成部分，正是它们给那极少数我们实现了的可能性罩上了一层自由选择的光彩。这就好像尽管我们未能走遍树林里纵横交错的无数条小路，然而，由于它们的存在，我们即使走在其中一条上也仍能感受到曲径通幽的微妙境界。

回首往事，多少事想做而未做；瞻望前程，还有多少事准备做。未完成是人生的常态，也是一种积极的心态。如果一个人感觉到活在世上已经无事可做，他的人生恐怕就要打上句号了。当然，如果一个人在未完成的心态中和死亡照面，他又会感到突兀和委屈，乃至于死不瞑目。但是，只要我们认识到人生中的事情是永远做不完的，无论死亡何时到来，人生永远未完成，那么，我们就会在生命的任何阶段上与死亡达成和解，在积极进取的同时也保持着超脱的心境。

困惑和觉悟

1

对人生的困惑，归结起来，无非两大类，借用佛家的话说，便是色与空。色代表情感的困惑，空代表生命意义的困惑。这两类问题，想来想去，也许到头来仍是困惑。不过，想的好处是，在困惑中仿佛有了方向，困惑中的寻求形成了人的精神生活。因为色的诱惑，男人走向女人，女人走向男人，走进彼此的心灵，由色入情，于是有了爱。因为空的疑惑，人类呼唤世界之本相，呼唤神，由空入悟，于是有了哲学和宗教。

人的精神生活正是在这两个方向上展开的：情感生活指向人，其实质是人与人之间的精神联系，使我们在尘世扎下根来；沉思生活或信仰生活指向宇宙，其实质是人与宇宙之间的精神联系，使我们有了超越的追求。

2

常常有青年问我：一个人不去想那些人生大问题，岂不活得快乐一些？

其实，不是因为思考，所以痛苦，而是

因为痛苦，所以思考。想不想这类问题，不是自己可以选择的，基本上是由天生的禀赋决定的。那种已经在想这类问题的人，多半生性敏感而认真，他不是刻意要想，实在是身不由己，欲罢不能。

相反，另有一种人，哪怕你给他上一整套人生哲学课，他也未必会真正去想。

3

喜欢想人生问题的人，所谓喜欢想，并不是刻意去想，而是问题自己找上来，躲也躲不掉。想这类问题当然会痛苦，但痛苦在先，你不去思考，痛苦仍然在，成为隐痛。既然如此，你不如去面对它，看一看那些最智慧的人是怎么想这类问题的，这可以开阔你的思路，把痛苦变成人生的积极力量。

4

从学术上看，哲学研究似乎是发展了，越来越深入、细致，但你不能说现在的哲学就比古希腊高明，根本问题仍是一样地没有解决。这是人生内在的困境，只要人在，困境就在，哲学就始终要去思考。

人是唯一寻求意义的动物，没有意义也要创造出意义来，于是就产生了哲学、宗教、艺术。然而，人生到底有没有意义？不知道。

5

智慧是逼出来的，知道困境不可改变，只好坦然接受，这就叫智慧。

6

一般人活在世上，对于未来会有种种期望和计划，并且为之忙碌。可是，倘若一个人意识到死亡近在咫尺，他就会明白，期待中的未来也许并不存在，唯一可把握的是当下。事实上，每一个人都可能突然遭遇没有明天的一天，可是世人往往为不可靠的明天复明天付出全部心力，却把一个个今天都当作手段牺牲掉了。

7

人生无常，死亡随时可能来临，这个道理似乎尽人皆知。但是，对于多数人来说，这只是抽象的道理，而在一个突然被死神选中的人身上，它却呈现出了残酷的具体性。同是与死神不期而遇又侥幸地逃脱，情况也很不相同，这种非常经历能否成为觉悟的契机，取决于心性的品质。

8

生命大于肉身，死亡揭示了肉身的有限，却启示了生命的无限。生命的内在疆域无比宽阔，只要你能进入其中，每一个当下即是永恒。

9

光阴似箭，人生易老，实在是最无奈的事，引发了多少悲叹。装糊涂，只推"不知道"，当然不是好办法，事实上也难做到。不过，许多时候，我们不是装糊涂，而是真糊涂，活在眼前，被具体的生活所吸引，忘记了岁月的流逝和死亡的来临。这是生命本身的魔力。

10

斯多噶派大谈死的不可怕，是否正因为怕死，所以要努力劝说自己呢？例如奥勒留，他几乎天天都在想死的问题。

11

斯多噶派用宇宙理性来证明理性在人生中的至高无上的价值，人应该仅仅凭借理性，对一切变易包括死亡都不动心。我的感觉是，因为变易不可阻挡，不动心是唯一的选择，这样的人生哲学在前，宇宙理性只是事后的理论解释。

12

佛教强调色空不二，我的认识是：知道空即是色，就可以彻悟于空而仍能自娱；知道色即是空，就可以纵情于色而仍能自拔。

被废黜的国王

帕斯卡尔说：人是一个被废黜的国王，否则就不会因为自己失了王位而悲哀了。所以，从人的悲哀也可证明人的伟大。借用帕斯卡尔的这个说法，我们可以把人类的精神史看作为恢复失去的王位而奋斗的历史。当然，人曾经拥有王位并非一个历史事实，而只是一个譬喻，其含义是：人的高贵的灵魂必须拥有配得上它的精神生活。

我不相信上帝，但我相信世上必定有神圣。如果没有神圣，就无法解释人的灵魂何以会有如此执拗的精神追求。用感觉、思维、情绪、意志之类的心理现象完全不能概括人的灵魂生活，它们显然属于不同的层次。灵魂是人的精神生活的真正所在地，在这里，每个人最内在深邃的"自我"直接面对永恒，追问有限生命的不朽意义。灵魂的追问总是具有形而上的性质，不管现代哲学家们如何试图证明形而上学问题的虚假性，也永远不能平息人类灵魂的这种形而上追问。

我们当然可以用不同的尺度来衡量历史

的进步，例如物质财富的富裕，但精神圣洁肯定也是必不可少的一维。正如黑格尔所说："一个没有形而上学的民族就像一座没有祭坛的神庙。"没有祭坛，也就是没有信仰，没有神圣的价值，没有敬畏之心，没有道德的约束，人生唯剩纵欲和消费，人与人之间只有利益的交易和争斗。它甚至不再是一座神庙，而成了一个吵吵闹闹的市场。事实上，不仅在比喻的意义上，而且按照字面的意思理解，在今日中国，这种沦落为乌烟瘴气的市场的所谓神庙，我们见得还少吗？

在一个功利至上、精神贬值的社会里，适应取代创造成了才能的标志，消费取代享受成了生活的目标。在许多人心目中，"理想""信仰""灵魂生活"都是过时的空洞词眼。可是，我始终相信，人的灵魂生活比外在的肉身生活和社会生活更为本质，每个人的人生质量首先取决于他的灵魂生活的质量。一个经常在阅读和沉思中与古今哲人文豪倾心交谈的人，和一个沉湎在歌厅、肥皂剧以及庸俗小报中的人，他们肯定生活在两个绝对不同的世界上。

人是一个被废黜的国王，被废黜的是人的灵魂。由于被废黜，精神有了一个多灾多难的命运。然而，不论怎样被废黜，精神终归有着高贵的王室血统。在任何时代，总会有一些人默记和继承着精神的这个高贵血统，并且为有朝一日恢复它的王位而努力着。我愿把他们恰如其分地称作"精神贵族"。"精神贵族"曾经是一个大批判词汇,可是真正的"精神贵族"何其稀少!尤其在一个精神遭到空前贬值的时代,倘若一个人仍然坚持做"精神贵族",以精神的富有而坦然于物质的清贫,我相信他就必定不是为了虚荣,而是真正出于精神上的高贵和诚实。

在这个世界上，有的人信神，有的人不信，由此而区分为有神论者和无神论者、宗教徒和俗人。不过，这个区分并非很重要。还有一个比这重要得多的区分，便是有的人相信神圣，有的人不相信，人由此而分出了高尚和卑鄙。

一个人可以不信神，但不可以不相信神圣。是否相信上帝、佛、真主或别的什么主宰宇宙的神秘力量，往往取决于个人所隶属的民族传统、文化背景和个人的特殊经历，甚至取决于个人的某种神秘体验，这是勉强不得的。一个没有这些宗教信仰的人，仍然可能是一个善良的人。然而，倘若不相信人世间有任何神圣价值，百无禁忌，为所欲为，这样的人就与禽兽无异了。

相信神圣的人有所敬畏。在他心目中，总有一些东西属于做人的根本，是亵渎不得的。他并不是害怕受到惩罚，而是不肯丧失基本的人格。不论他对人生怎样充满着欲求，他始终明白，一旦人格扫地，他在自己面前

【 时间 】

我时刻听见时间的流逝声。这使我与自己的任何眼前经历保持了一段距离，即使在情绪最亢奋时，也对自己的痛苦和欢乐持一种半嘲讽、半悲悯的态度。我既沉溺，又超脱。我常常大悲大欢，但在欢乐时会忽生悲凉，在痛苦时又有所慰藉。

竟也失去了做人的自信和尊严，那么，一切欲求的满足都不能挽救他的人生的彻底失败。

相反，对于那些毫无敬畏之心的人来说，是不存在人格上的自我反省的。如果说"知耻近乎勇"，那么，这种人因为不知耻便显出一种卑怯的无赖相和残忍相。只要能够不受惩罚，他们可以在光天化日下干任何恶事，欺负、迫害乃至残杀无辜的弱者。盗匪之中，多这种愚昧兼无所敬畏之徒。一种消极的表现则是对他人生命的极端冷漠、见死不救，如今这类事既频频发生在众多路人旁观歹徒行凶的现场，也频频发生在号称治病救人实则草菅人命的某些医院里。类似行为每每使善良的人们不解，因为善良的人们无法相信，世上竟然真的会有这样丧失起码人性的人。在一个正常社会里，这种人总是极少数，并且会受到法律或正义力量的制裁。可是，当一个民族普遍丧失对神圣价值的信念时，这种人便可能相当多地滋生出来，成为触目惊心的颓败征兆。

赤裸裸的凶蛮和冷漠只是不知耻的粗糙形式，不知耻还有稍微精致一些的形式。有的人有很高的文化程度，仍然可能毫无敬畏之心。他可以玩弄真心爱他的女人，背叛诚恳待他的朋友，然后装出一副无辜的面孔。他的足迹所到之处，再神圣的东西也敢践踏，再美好的东西也敢毁坏，而且内心没有丝毫不安。不论他的头脑里有多少知识，他的心是蒙昧的，真理之光到不了那里。这样的人有再多的艳遇，也没有能力真正爱一回；交再多的哥们，也体味不了友谊的纯正；获取再多的名声，也不知什么是光荣。

我对此深信不疑：不相信神圣的人，必被世上一切神圣的事物所抛弃。

1

信仰和宗教

如今调侃成了新的时髦。调侃者调侃一切信仰，也调侃自己的无信仰，在一片哄笑声中，信仰问题便化作了一个无足轻重的可笑的问题。

我暗暗吃惊：仅仅几年以前，信仰危机还是一个严肃的话题，曾经引起许多痛苦的思索，莫非人们这么快就已经成熟到可以轻松愉快地一笑置之了？

诚然，抱着过时的信仰不放，或者无信仰而装作有信仰，都是可悲复可笑的，不妨调而侃之，哈哈一笑。可是，当我看见有人把无信仰当作一种光荣来炫耀时，我再也笑不出来了。

人生中终究还是有严肃的东西的。信仰是对人生根本目标的确信，其失落的痛苦和寻求的迷惘决非好笑的事情，而对之麻木不仁也实在没有什么可自鸣得意的。

2

谈到人的精神追求，"真理""信仰""理想"这几个词可能是出现频率最高的。它们是否说的同一件事，譬如说，同一个精神目标，理性称它是真理．意志称它是信仰，情感称它是理想？或者，正因为理性、意志、情感所追求的目标是不同的，它们说的是不同的事，彼此往往还会发生冲突？也许这两种可能都存在。比较清楚的是，在今天，所谓绝对真理、统一信仰、最高理想的存在已经受到普遍怀疑，精神追求越来越成为每个人自己的事情了。正因为如此，我们才有可能来诚实地探讨真理、信仰、理想的问题。

3

在信仰崩溃的时代，民族主义往往会抬头。大神死了，人们便寻求小神祇的庇护。

4

你没有信仰吗？

如果有信仰就是终身只接受一种学说，那么，我的确没有信仰。

对各种学说独立思考，有所取舍，形成着也修正着自己的总体立场，我称这为有信仰。

所以，我是有信仰的。

5

虔诚是对待信仰的一种认真的态度，而不是信仰本身。一个本无真正信仰的人却做出虔诚的姿态，必是伪善的。歌德曾在相似的意义上指出："虔诚是通过灵魂的最纯洁的宁静达到最高修养的手段，凡是把虔诚当作目的和目标来标榜的人，大多是伪善的。"

6

《圣经》的最好读者在异教徒之中。

7

人的心智不可能是全能的，世上一定有人的心智不能达到的领域，我把那不可知的领域称作神秘。

人的欲望不可能是至高的，世上一定有人的欲望不该亵渎的价值，我把那不可亵渎的价值称作神圣。

然而，我不知道，是否有一个全能的心智主宰着神秘的领域，是否有一个至高的意志制定着神圣的价值。也就是说，我不知道是否存在着一个上帝。在我看来，这个问题本身属于神秘的领域，对此断然肯定或否定都是人的心智的僭越。

8

宗教的本质不在信神，而在面对神秘的谦卑和面对神圣的敬畏。根据前者，人只是分为有神论者和无神论者；根据后者，人才分为有信仰者和无信仰者。

9

有一位哲学家说：人充其量只能谈论人，决不能谈论神。现在我们知道，人谈论人的能力也极为有限，那么，试图谈论神就更属狂妄了。对于神，我们似乎只能听它，然后把听到的说出来。如果你是一个没有慧根的人，什么也没有听到，那就请免开尊口。然而，谈论神其实是谈论人的一种方式罢了，并且是任何一个想要严肃地谈论人的论者不可或缺的一种方式。如果我们对于人的生存的思考不限于实用和科学，还试图探究人的精神生活之源，那么，我们就不可避免地会触及这方面的问题。

10

有人问我："你信不信神？"我无法用一句话回答。我的感觉是：我是一个迷路的孩子，我找不到神，但我知道神在某个地方等我。

【孩子】

人永远是孩子，谁也长不大，有的保留着孩子的心灵，有的保留着孩子的脑筋。谁也不相信自己明天会死，人生的路不知不觉走到了尽头，到头来不是老天真，就是老糊涂。

11

上帝这个概念代表最高的统一。不过，在不同的信徒心中却并没有一个统一的上帝。有的神学家信仰的是一个功利的媚俗的上帝。

12

佛教中偶像崇拜的一个根源：佛祖原本就是一个人。

基督教的上帝则从来不具人形。

信仰，就是相信人生中有一种东西，它比自己的生命重要得多，甚至是人生中最重要的东西，值得为之活着，必要时也值得为之献身。这种东西必定是高于我们的日常生活的，像日月星辰一样在我们头顶照耀，我们相信它并且仰望它，所以称作信仰。但是，它又不像日月星辰那样可以用眼睛看见，而只是我们心中的一种观念，所以又称作信念。

提起信仰，人们常常会想到宗教，例如基督教、佛教、伊斯兰教等等。在人类历史上，在现实生活中，宗教信仰的确是信仰最常见的一种形态。不过，两者不完全是一回事。事实上，做一个教徒不等于就有了信仰，而有信仰的人也未必信奉某一宗教。

有一回，我到佛教圣地普陀山旅游。在山上一座大庙里，和尚们正为一个施主做法事，中间休息，一个小和尚走来与我攀谈。我问他："做法事很累吧！"他随口答道："是呵，挣钱真不容易！"一句话表明了他并不真信佛教，皈依佛门只是谋生的手段。

【境界】

做事有两种境界。一是功利的境界，事情及相关的利益是唯一的目的，于是做事时必定会充满焦虑和算计。另一是道德的境界，无论做什么事，都把精神上的收获看得更重要，做事只是灵魂修炼和完善的手段，真正的目的是做人。正因为如此，做事时反而有了一种从容的心态和博大的气象。

这个小和尚毕竟直率得可爱。如今，天下寺庙，处处香火鼎盛，可是你若能听见那些烧香拜佛的人许的愿，就会知道，他们几乎都是在向佛索求非常具体的利益，没有几人是真有信仰的。

在同一次旅程中，我还遇见另一个小和尚。当时，我正乘船航行。船舱里异常闷热，乘客们纷纷挤到舱内唯一的自来水管旁洗脸。他手拿毛巾，静静等候在一旁。终于轮到他了，又有一名乘客夺步上前，把他挤开。他面无愠色，退到旁边，礼貌地以手示意："请，请。"我目睹了这一幕，心中肃然起敬，相信眼前这个身披青灰色袈裟的年轻僧人是真正有信仰的人。后来，通过交谈，这一直觉得到了证实，我发现他谈吐不俗，对佛理和人生有很深的领悟。

其实，真正有信仰不在于相信佛、上帝、真主或别的什么神，而在于相信人生应该有崇高的追求，有超出世俗的理想目标。如果说宗教真的有一种价值，那也仅仅在于为这种追求提供了一种容易普及的方式。但是，一普及就容易流于表面的形式，反而削弱甚至丧失了追求的精神内涵。所以，真正看重信仰的人决不盲目相信某一种流行的宗教或别的什么思想，而是通过独立思考来寻求和确立自己的信仰。两千四百年前，苏格拉底就是被雅典民众以不信神的罪名处死的。他的确不信神，但他有自己的坚定信仰，他的信仰就是：人生的价值在于爱智慧，用理性省察生活尤其是道德生活。在审判时，法庭允许免他一死，前提是他必须放弃信奉和宣传这一信仰，被他拒绝了。他说，未经省察的人生不值得一过，活着不如死去。他为自己的信仰献出了宝贵的生命。

　　信仰是内心的光，它照亮了一个人的人生之路。没有信仰的人犹如在黑暗中行路，不辨方向，没有目标，随波逐流，活一辈子也只是浑浑噩噩。当然，一个人要真正确立起自己的信仰，这不是一件容易的事，不但需要独立思考，而且需要相当的阅历和比较。在漫长的人生道路上，改变信仰的事情也是经常发生的，不足为怪。在我看来，在信仰的问题上，真正重要的是要有真诚的态度。所谓真诚，第一就是要认真，既不是无所谓，可有可无，也不是随大流，盲目相信；第二就是要诚实，决不自欺欺人。有了这种真诚的态度，即使你没有找到一种明确的思想形态作为你的信仰，你也可以算作一个有信仰的人了，因为你至少是在信仰着一种有真诚追求的人生境界。事实上，在一个普遍丧失甚至嘲侮信仰的时代，也许唯有在这些真诚的寻求者和迷惘者中才能找到真正有信仰的人。

05

文字——
在读与写中照见自己

人与书之间

弄了一阵子尼采研究，不免常常有人问我："尼采对你的影响很大吧？"有一回我忍不住答道："互相影响嘛，我对尼采的影响更大。"其实，任何有效的阅读不仅是吸收和接受，同时也是投入和创造。这就的确存在人与他所读的书之间相互影响的问题。我眼中的尼采形象渗入了我自己的体验，这些体验在我接触尼采著作以前就已产生了。近些年来，我在哲学上的努力似乎有了一个明确的方向，就是要突破学院化、概念化状态，使哲学关心人生根本，把哲学和诗沟通起来。尼采研究无非为我的追求提供了一种方便的学术表达方式而已。当然，我不否认，阅读尼采著作使我的一些想法更清晰了，但同时起作用的还有我的气质、性格、经历等因素，甚至包括我过去的读书经历。

有的书改变了世界历史，有的书改变了个人命运。回想起来，书在我的生活中并无此类戏剧性效果，它们的作用是日积月累的。我说不出对我影响最大的书是什么，也不太相信形形色色的"世界之最"。我只能说，有一些书，它们在不同方面引起了我的强烈共鸣，在我的心灵历程中留下了痕迹。

中学毕业时，我报考北大哲学系，当时在我就学的上海中学算爆了个冷门，因为该校素有重理轻文传统，全班独我一人报考文科，而我一直是班里数学课代表，理科底子并不差。同学和老师差不多用一种怜悯的眼光看我，惋惜我误入了歧途。我不以为然，心想我反正不能一辈子生活在与人生无关的某个专业小角落里。怀着囊括人类全部知识的可笑的贪欲，我选择哲学这门"凌驾于一切科学的科学"，这门不是专业的专业。

然而，哲学系并不如我想象的那般有意思，刻板枯燥的哲学课程很快就使我厌烦了。我成了最不用功的学生之一，"不务正业"，耽于课外书的阅读。上课时，课桌上摆着艾思奇编的教科书，课桌下却是托尔斯泰、陀思妥耶夫斯基、屠格涅夫、易卜生等等，读得入迷。老师课堂提问点到我，我站起来问他有什么事，引得同学们哄堂大笑。说来惭愧，读了几年哲学系，哲学书没读几本，读得多的却是小说和诗。我还醉心于写诗，写日记，积累感受。现在看来，当年我在文学方面的这些阅读和习作并非徒劳，它们使我的精神趋向发生了一个大转变，不再以知识为最高目标，而是更加珍视生活本身，珍视人生的体悟。这一点认识，对于我后来的哲学追求是重要的。

我上北大正值青春期，一个人在青春期读些什么书可不是件小事，书籍、友谊、自然环境三者构成了心灵发育的特殊氛围，其影响毕生不可磨灭。幸运的是，我在这三方面遭遇俱佳，卓越的外国文学名著、才华横溢的挚友和优美的燕园风光陪伴着我，启迪了我的求真爱美之心，使我愈发厌弃空洞丑陋的哲学教条。如果说我学了这么多年哲学而仍未被哲学败坏，则应当感谢文学。

我在哲学上的趣味大约是受文学熏陶而形成的。文学与人生有不解之缘，看重人的命运、个性和主观心境，我就在哲学中寻找类似的东西。最早使我领悟哲学之真谛的书是古希腊哲学家的一本著作残篇集，赫拉克利特的"我寻找过自己"，普罗塔哥拉的"人是万物的尺度"，苏格拉底的"未经思索的人生不值得一过"，它们犹如抽象概念迷雾中耸立的三座灯塔，照亮了久被遮蔽的哲学古老航道。我还偏爱具有怀疑论倾向的哲学家，例如笛卡儿、休谟，因为他们教我对一切貌似客观的绝对真理体系怀着戒心。可惜的是，哲学家们在批判早于自己的哲学体系时往往充满怀疑精神，一旦构筑自己的体系却又容易陷入独断论。相比之下，文学艺术作品就更能保持多义性、不确定性、开放性，并不孜孜于给宇宙和人生之谜一个终极答案。

长期的文化禁锢使得我这个哲学系学生竟也无缘读到尼采或其他现代西方人的著作。上学时，只偶尔翻看过萧赣译的《查拉图斯特拉如是说》，因为是用文言翻译，译文艰涩，未留下深刻印象。直到大学毕业以后很久，才有机会系统阅读尼采的作品。我的确感觉到一种发现的喜悦，因为我对人生的思考、对诗的爱好以及对学院哲学的怀疑都在其中找到了呼应。一时兴发，我搞起了尼采作品的翻译和研究，而今已三年有余。现在，我正准备同尼采告别。

　　读书犹如交友，再情投意合的朋友，在一块处得太久也会腻味的。书是人生的益友，但也仅止于此，人生的路还得自己走。在这路途上，人与书之间会有邂逅、离散、重逢、诀别、眷恋、反目、共鸣、误解，其关系之微妙，不亚于人与人之间，给人生添上的些许情趣。也许有的人对一本书或一位作家一见倾心，爱之弥笃，乃至白头偕老，我在读书上却没有如此坚贞专一的爱情。倘若临终时刻到来，我相信使我含恨难舍的不仅有亲朋好友，还一定有若干册知己好书。但尽管如此，我仍不愿同我所喜爱的任何一本书或一位作家厮守太久，受染太深，丧失了我自己对书对人的影响力。

书与人生

1

费尔巴哈说：人就是它所吃的东西。至少，就精神食物而言，这句话差不多是对的。从一个人的读物就可以大致判断他的精神品级。

2

许多书只是外表像书罢了。不过，你不必愤慨，倘若你想到这一点：许多人也只是外表像人罢了。

3

书籍少的时候，我们往往从一本书中读到许多东西。我们读到了书中有的东西，还读出了更多书中没有的东西。

如今书籍愈来愈多，我们从书中读到的东西却愈来愈少。我们对书中有的东西尚且挂一漏万，更无暇读出书中没有的东西了。

4

人们总是想知道怎样读书，其实他们更应当知道的是怎样不读书。

5

一个人是有可能被过多的文化伤害的。蒙田把这种情形称作"文殇"，即被文字之斧劈伤。

我的一位酷爱诗歌、熟记许多名篇的朋友叹道："有了歌德，有了波德莱尔，我们还写什么诗！"我与他争论："尽管有歌德，尽管有波德莱尔，却只有一个我，这个我是歌德和波德莱尔所不能代替的，所以我还是要写！"

开卷有益，但也可能无益，甚至有害，就看它是激发还是压抑了自己的创造力。

我衡量一本书的价值的标准是：读了它之后，我自己是否也遏制不住地想写点什么，哪怕我想写的东西表面上与它似乎全然无关。

6

自我是一个凝聚点，不应该把自我溶解在大师们的作品中，而应该把大师们的作品吸收到自我中来，对于自我来说，一切都只是养料。

7

有两种人不可读太多的书：天才和白痴。天才读太多的书，就会占去创造的工夫，甚至窒息创造的活力，这是无可弥补的损失。白痴读书愈多愈糊涂，愈发不可救药。

天才和白痴都不需要太多的知识，尽管原因不同。倒是对于处在两极之间的普通人，知识较为有用，可以弥补天赋的不足，可以发展实际的才能。所谓"貂不足，狗尾续"，而貂已足和没有貂者是用不着续狗尾的。

8

在读一位大思想家的作品时，无论谴责还是辩护都是极狭隘的立场，与所读对象太不相称。我们需要的是一种对话式的理解，其中既有共鸣，也有抗争。

认真说来，一个人受另一个人（例如一位作家，一位哲学家）的"影响"是什么意思呢？无非是一种自我发现，使自己本已存在但沉睡着的东西的被唤醒，对心灵所发生的重大影响绝不可能是一种灌输，而应是一种共鸣和抗争。无论一本著作多么伟大，如果不能引起我的共鸣和抗争，它对于我实际上是不存在的。

9

世人不计其数，知己者数人而已。书籍汪洋大海，投机者数本而已。

我们既然不为只结识总人口中一小部分而遗憾，那么也就不必为只读过全部书籍中一小部分而遗憾了。

10

对我们影响最大的书往往是我们年轻时读的某一本书，它的力量多半不源于自身，而源与它介入我们生活的那个时机，那是一个最容易受影响的年龄，我们好歹要崇拜一个什么人，如果没有，就崇拜一本什么书。后来重读这本书，我们很可能会对它失望，并且诧异当初它何以使自己如此心醉神迷。但我们不必惭愧，事实上那是我们的精神初恋，而初恋对象不过是把我们引入精神世界的一个诱因罢了。当然，同时它也是一个征兆，我们早期着迷的书的性质大致显示了我们的精神类型，预示了我们后来精神生活的走向。

年长以后，书对我们很难有这般震撼效果了。无论多么出色的书，我们和它都保持着一个距离。或者是我们的理性已经足够成熟，或者是我们的情感已经足够迟钝，总之我们已经过了精神初恋的年龄。

11

学者是一种以读书为职业的人，为了保住这个职业，他们偶尔也写书。

作家是一种以写书为职业的人，为了保住这个职业，他们偶尔也读书。

很想写好的散文，一篇篇写，有一天突然发现竟积了厚厚一摞。这样过日子，倒是很惬意的。至于散文怎么算好，想来想去，还是归于"平淡"二字。

以平淡为散文的极境，这当然不是什么新鲜的见解。苏东坡早就说过"寄至味于淡泊"一类的话。今人的散文，我喜欢梁实秋的，读起来真是非常舒服，他追求的也是"绚烂之极归于平淡"的境界。不过，要达到这境界谈何容易。"作诗无古今，唯造平淡难。"之所以难，我想除了在文字上要下千锤百炼的功夫外，还因为这不是单单文字功夫能奏效的。平淡不但是一种文字的境界，更是一种胸怀，一种人生的境界。

仍是苏东坡说的："大凡为文，当使气象峥嵘，五色绚烂，渐老渐熟，乃造平淡。"所谓老熟，想来不光指文字，也包含年龄阅历。人年轻时很难平淡，譬如正走在上山的路上，多的是野心和幻想。直到攀上绝顶，领略过了天地的苍茫和人生的限度，才会生出一种散淡的心境，不想再匆匆赶往某个目标，也不必再担心错过什么，下山就从容多了。所以，好的散文大抵出在中年之后，无非是散淡人写的散淡文。

当然，年龄不能担保平淡，多少人一辈子蝇营狗苟，死不觉悟。说到文人，最难戒的却是卖弄，包括我自己在内。写文章一点不卖弄殊不容易，而一有卖弄之心，这颗心就已经不平淡了。举凡名声、地位、学问、经历，还有那一副多愁善感的心肠，都可以拿来卖弄。不知哪里吹来一股风，散文中开出了许多顾影自怜的小花朵。读有的作品，你可以活脱看到作者多么知道自己多愁善感，并且被自己的多愁善感所感动，于是愈发多愁善感了。戏演得愈真诚，愈需要观众。他确实在想象中看到了读者的眼泪，自己禁不住也流泪，泪眼蒙眬地在稿子上签下了自己的名字。

好的散文家是旅人，他只是如实记下自己的人生境遇和感触。这境遇也许很平凡，这感触也许很普通，然而是他自己的，他舍不得丢失。他写时没有想到读者，更没有想到流传千古。他知道自己是易朽的，自己的文字也是易朽的，不过他不在乎。这个世界已经有太多的文化，用不着他再来添加点什么。另一方面呢，他相信人生最本质的东西终归是单纯的，因而不会永远消失。他今天所拣到的贝壳，在他之前一定有许多人拣到过，在他之后一定还会有许多人拣到。想到这一点，他感到很放心。

有一年我到云南大理，坐在洱海的岸上，看白云在蓝天缓缓移动，白帆在蓝湖缓缓移动，心中异常宁静。这景色和这感觉千古如斯，毫不独特，却很好。那时就想，刻意求独特，其实也是一种文人的做作。

活到今天，我觉得自己已经基本上（不是完全）看淡了功名富贵，如果再放下那一份"语不惊人死不休"的虚荣心，我想我一定会活得更自在，那么也许就具备了写散文的初步条件。

2

当然，要写好散文，不能光靠精神涵养，文字上的功夫也是缺不了的。

散文最讲究味。一个人写散文，是因为他品尝到了某种人生滋味，想把它说出来。散文无论叙事、抒情、议论，或记游、写景、咏物，目的都是说出这个味来。说不出一个味，就不配叫散文。譬如说，游记写得无味，就只好算导游指南。再也没有比无味的散文和有学问的诗更让我厌烦的了。

平淡而要有味，这就难了。酸甜麻辣，靠的是佐料。平淡之为味，是以原味取胜，前提是东西本身要好。林语堂有一妙比：只有鲜鱼才可清蒸。袁中郎云："凡物酿之得甘，炙之得苦，唯淡也不可造，不可造，是文之真性灵也。"平淡是真性灵的流露，是本色的自然呈现，不能刻意求得。庸僧谈禅，与平淡沾不上边儿。

说到这里，似乎说的都是内容问题，其实，文字功夫的道理已经蕴含在其中了。

如何做到文字平淡有味呢？

第一，家无鲜鱼，就不要宴客。心中无真感受，就不要作文。不要无病呻吟，不要附庸风雅，不要敷衍文债，不要没话找话。尊重文字，不用文字骗人骗己，乃是学好文字功夫的第一步。

第二，有了鲜鱼，就得讲究烹调了，目标只有一个，即保持原味。但怎样才能保持原味，却是说不清的，要说也只能从反面来说，就是千万不要用不必要的佐料损坏了原味。作文也是如此。林语堂说行文要"来得轻松自然，发自天籁，宛如天地间本有此一句话，只是被你说出而已"。话说得极漂亮，可惜做起来只有会心者知道，硬学是学不来的。我们能做到的是谨防自然的反面，即不要做作，不要着意雕琢，不要堆砌辞藻，不要故弄玄虚，不要故作高深，等等，由此也许可以逐渐接近一种自然的文风了。爱护文字，保持语言在日常生活中的天然健康，不让它被印刷物上的流行疾患侵染和扭曲，乃是文字上的养身功夫。

第三，只有一条鲜鱼，就不要用它熬一大锅汤，冲淡了原味。文字贵在凝练，不但在一篇文章中要尽量少说和不说废话，而且在一个句子里也要尽量少用和不用可有可无的字。文字的平淡得力于自然质朴，有味则得力于凝聚和简练了。

因为是原味，所以淡，因为水分少，密度大，所以又是很浓的原味。事实上，所谓文字功夫，基本上就是一种删除废话废字的功夫。陀思妥耶夫斯基在谈到普希金的诗作时说："这些小诗之所以看起来好像是一气呵成的，正是因为普希金把它们修改得太久了的缘故。"梁实秋也是一个极知道割爱的人，所以他的散文具有一种简练之美。世上有一挥而就的佳作，但一定没有未曾下过锤炼功夫的文豪。灵感是石头中的美，不知要凿去多少废料，才能最终把它捕捉住。

如此看来，散文的艺术似乎主要是否定性的。这倒不奇怪，因为前提是有好的感受，剩下的事情就只是不要把它损坏和冲淡。换一种比方，有了真性灵和真体验，就像是有了良种和肥土，这都是文字之前的功夫，而所谓文字功夫无非就是对长出的花木施以防虫和剪枝的护理罢了。

人的癖好五花八门，读书是其中之一。但凡人有了一种癖好，也就有了看世界的一种特别眼光，甚至有了一个属于他的特别的世界。不过，和别的癖好相比，读书的癖好能够使人获得一种更为开阔的眼光，一个更加丰富多彩的世界。我们也许可以据此把人分为有读书癖的人和没有读书癖的人，这两种人生活在很不相同的世界上。

比起嗜书如命的人来，我只能勉强算作一个有一点读书癖的人。根据我的经验，人有无读书的癖好，在少年甚至童年时便已见端倪。那是一个求知欲汹涌勃发的年龄，不必名著佳篇，随便一本稍微有趣的读物就能点燃对书籍的强烈好奇。回想起来，使我发现书籍之可爱的不过是上小学时读到的一本普通的儿童读物，那里面讲述了一个淘气孩子的种种恶作剧，逗得我不停地捧腹大笑。从此以后，我对书不再是视若不见，而是刮目相看了。我眼中有了一个书的世界，看得懂看不懂的书都会使我眼馋心痒，我相信其中一定藏着一些有趣的事情，等待我去见识。随着年龄增长，所感兴趣的书的种类当然发生了很大的变化，对书的兴趣则始终不衰。现在我觉得，一个人读什么书诚然不是一件次要的事情，但前提还是要有读书的爱好，而只要真正爱读书，就迟早会找到自己的书中知己的。

读书的癖好与所谓刻苦学习是两回事，它讲究的是趣味。所以，一个认真做功课和背教科书的学生，一个埋头从事专业研究的学者，都称不上是有读书癖的人。有读书癖的人所读之书必不限于功课和专业，毋宁说更爱读课外和专业之外的书籍，也就是所谓闲书。当然，这并不妨碍他对自己的专业发生浓厚的兴趣，做出伟大的成就。英国哲学家罗素便是一个在自己的专业上做出了伟大成就的人，然而，正是他最热烈地提倡青年人多读"无用的书"。其实，读"有用的书"即教科书和专业书固然有其用途，可以获得立足于社会的职业技能，但是读"无用的书"也并非真的无用，那恰恰是一个人精神生长的领域。从中学到大学到研究生，我从来不是一个很用功的学生，上课偷读课外书乃至逃课是常事。我相信许多人在回首往事时会和我有同感：一个人的成长基本上得益于自己读书，相比之下，课堂上的收获显得微不足道。我不想号召现在的学生也逃课，但我国的教育现状确实令人担忧。中小学本是培养对读书的爱好的关键时期，而现在的中小学教育却以升学率为唯一追求目标，为此不惜将超负荷的功课加于学生，剥夺其课外阅读的时间，不知扼杀了多少孩子现在和将来对读书的爱好。

那么，一个人怎样才算养成了读书的癖好呢？我觉得倒不在于读书破万卷，一头扎进书堆，成为一个书呆子。重要的是一种感觉，即读书已经成为生活的基本需要，不读书就会感到欠缺和不安。宋朝诗人黄山谷有一句名言："三日不读书，便觉语言无味，面目可憎。"林语堂解释为：你三日不读书，别人就会觉得你语言无味，面目可憎。这当然也说得通，一个不爱读书的人往往是乏味的，因而不让人喜欢的。不过，我认为这句话主要还是说自己的感觉：你三日不读书，你就会自惭形秽，羞于对人说话，觉得没脸见人。如果你有这样的感觉，你就必定是个有读书癖的人了。

有一些爱读书的人，读到后来，有一天自己会拿起笔来写书，我也是其中之一。所以，我现在成了一个作家，也就是以写作为生的人。我承认我从写作中也获得了许多快乐，但是，这种快乐并不能代替读书的快乐。有时候我还觉得，写作侵占了我的读书时间，使我蒙受了损失。写作毕竟是一种劳动和支出，而读书纯粹是享受和收入。我向自己发愿，今后要少写多读，人生几何，我不该亏待了自己。

读了大半辈子书，倘若有人问我选择书的标准是什么，我一定会毫不犹豫地回答：愉快是基本标准。一本书无论专家们说它多么重要，排行榜说它多么畅销，如果读它不能使我感到愉快，我就宁可不去读它。

读书唯求愉快，这是一种很高的境界。关于这种境界，陶渊明做了最好的表述："好读书，不求甚解。每有会意，便欣然忘食。"不过，我们不要忘记，在《五柳先生传》中，这句话前面的一句话是："闲静少言，不慕荣利。"可见要做到出于性情而读书，其前提是必须有真性情。那些躁动不安、事事都想发表议论的人，那些渴慕荣利的人，一心以求解的本领和真理在握的姿态夸耀于人，哪里肯甘心于自个儿会意的境界？

以愉快为基本标准，这也是在读书上的一种诚实的态度。无论什么书，只有你读时感到了愉快，使你发生了共鸣和获得了享受，你才应该承认它对于你是一本好书。在这一点上，毛姆说得好："你才是你所读的书对

【合宜】

我相信，每一个人降生到这个世界上来，一定有一个对于他最合宜的位置，这个位置仿佛是在他降生时就给他准备了的，只等他有一天来认领。我还相信，这个位置既然仅仅对于他是最合宜的，别人就无法与他竞争，如果他不认领，这个位置就只是浪费掉了，而并不是被别人占据了。

于你的价值的最后评定者。"尤其是文学作品，本身并无实用，唯能使你的生活充实，而要做到这一点，前提是你喜欢读。没有人有义务必须读诗、小说、散文。哪怕是专家们同声赞扬的名著，如果你不感兴趣，便与你无干。不感兴趣而硬读，其结果只能是不懂装懂，人云亦云。相反，据我所见，凡是真正把读书当作享受的人，往往能够直抒己见。譬如说，蒙田就敢于指责柏拉图的对话录和西塞罗的著作冗长拖沓，坦然承认自己欣赏不了，博尔赫斯甚至把弥尔顿的《复乐园》和歌德的《浮士德》称作最著名的引起厌倦的方式，宣布乔伊斯作品的费解是作者的失败。这两位都是学者型的作家，他们的博学无人能够怀疑。我们当然不必赞同他们对于那些具体作品的意见，我只是想借此说明，以读书为乐的人必有自己鲜明的好恶，而且对此心中坦荡，不屑讳言。

我不否认，读书未必只是为了愉快，出于利益的读书也有其存在的理由，例如学生的做功课和学者的做学问。但是，同时我也相信，在好的学生和好的学者那里，愉快的读书必定占据着更大的比重。我还相信，与灌输知识相比，保护和培育读书的愉快是教育的更重要的任务。所以，如果一种教育使学生不能体会和享受读书的乐趣，反而视读书为完全的苦事，我们便可以有把握地判断它是失败了。

人类所创造的精神财富是通过各种物质形式得以保存的，其中最重要的一种形式就是文字。因而，在我们日常的精神活动中，读书便占据着很大的比重。据说最高的境界是无文字之境，真正的高人如同村夫野民一样是不读人间之书的，这里姑且不论。一般而言，我们很难想象一个关注精神生活的人会对书籍毫无兴趣。尤其在青少年时期，心灵世界的觉醒往往会表现为一种勃发的求知欲，对书籍产生热烈的向往。"我扑在书籍上，就像饥饿的人扑在面包上一样。"高尔基回忆他的童年时所说的这句话，非常贴切地表达了读书欲初潮来临的心情。一个人在早年是否经历过这样的来潮，在一定程度上透露和预示了他的精神素质。

然而，古今中外，书籍不计其数，该读哪些书呢？从精神生活的角度出发，我们也许可以极粗略地把天下的书分为三大类。一是完全不可读的书，这种书只是外表像书罢了，实际上是毫无价值的印刷垃圾，不能提供任何精神的启示、艺术的欣赏或有用的知识。在今日的市场上，这种以书的面目出现的假冒伪劣产品比比皆是。二是可读可不读的书，这种书读了也许不无益处，但不读却肯定不会造成重大损失和遗憾。世上的书，大多属于此类。我把一切专业书籍也列入此类，因为它们只对有关的专业人员才可能是必读书，对于其余人却是不必读的，至多是可读可不读的。三是必读的书。所谓必读，是就精神生活而言，即每一个关心人类精神历程和自身生命意义的人都应该读，不读便会是一种欠缺和遗憾。

应该说，这第三类书在书籍的总量中只占极少数，但绝对量仍然非常大。它们实际上是指人类文化宝库中的那些不朽之作，即所谓经典名著。对于这些伟大作品不可按学科归类，不论它们是文学作品还是理论著作，都必定表现了人类精神的某些永恒内涵，因而具有永恒的价值。在此意义上，我称它们为永恒的书。要确定这类书的范围是一件难事，事实上不同的人就此开出的书单一定会有相当的出入。不过，只要开书单的人确有眼光，就必定会有一些最基本的好书被共同选中。例如，他们决不会遗漏掉《论语》《史记》《红楼梦》这样的书，柏拉图、莎士比亚、托尔斯泰这样的作家。

在我看来，真正重要的倒不在于你读了多少名著，古今中外的名著是否读全了，而在于要有一个信念，便是非最好的书不读。有了这个信念，即使你读了许多并非最好的书，你仍然会逐渐找到那些真正属于你的最好的书，并且成为它们的知音。事实上，对于每个具有独特个性和追求的人来说，他的必读书的书单决非照抄别人的，而是在他自己阅读的过程中形成的，这个书单本身也体现出了他的个性。正像罗曼·罗兰在谈到他所喜欢的音乐大师时说的："现在我有我的贝多芬了，犹如已经有了我的莫扎特一样。一个人对他所爱的历史人物都应该这样做。"

　　一个在阅读和沉思中与古今哲人文豪倾心交谈的人，与一个只读明星逸闻和凶杀故事的人，他们当然有着完全不同的内心世界。我甚至要说，他们也是生活在完全不同的外部世界上，因为世界本无定相，它对于不同的人呈现不同的面貌。列车上，地铁里，我常常看见人们捧着形形色色的小报，似乎读得津津有味，心中不免为他们惋惜。天下好书之多，一辈子也读不完，岂能把生命浪费在读这种无聊的东西上。我不是故作清高，其实我自己也曾拿这类流行报刊来消遣，但结果总是后悔不已。读了一大堆之后，只觉得头脑里乱糟糟又空洞洞，没有得到任何有价值的东西。歌德做过一个试验，半年不读报纸，结果他发现，与以前天天读报相比，没有任何损失。所谓新闻，大多是过眼烟云的人闹的一点儿过眼烟云的事罢了，为之浪费只有一次的生命确实是不值得的。

1

一八六二年秋天的一个夜晚，托尔斯泰几乎通宵失眠，心里只想着一件事：明天他就要向索菲亚求婚了。他非常爱这个比他小十六岁、年方十八的姑娘，觉得即将来临的幸福简直难以置信，因此兴奋得睡不着觉了。

求婚很顺利。可是，就在求婚被接受的当天，他想到的是："我不能为自己一个人写日记了。我觉得，我相信，不久我就不再会有属于一个人的秘密，而是属于两个人的，她将看我写的一切。"

当他在日记里写下这段话时，他显然不是为有人将分享他的秘密而感到甜蜜，而是为他不再能独享仅仅属于他一个人的秘密而感到深深的不安。这种不安在九个月后完全得到了证实，清晰地成了一种强烈的痛苦和悔恨："我自己喜欢并且了解的我，那个有时整个地显身、叫我高兴也叫我害怕的我，如今在哪里？我成了一个渺小的微不足道的人。自从我娶了我所爱的女人以来，我就是这样一个人。这个簿子里写的几乎全是谎言——虚为。一想到她此刻就在我身后看我写东西，就减少了、破坏了我的真实性。"

托尔斯泰并非不愿对他所爱的人讲真话。但是，面对他人的真实是一回事，面对自己的真实是另一回事，前者不能代替后者。作为一个珍惜内心生活的人，他从小就养成了写日记的习惯。如果我们不把记事本、备忘录之类和日记混为一谈的话，就应该承认，日记是最纯粹的私人写作，是个人精神生活的隐秘领域。在日记中，一个人只面对自己的灵魂，只和自己的上帝说话。这的确是一个神圣的约会，是决不容许有他人在场的。如果写日记时知道所写的内容将被另一个人看到，那么，这个读者的无形在场便不可避免地会改变写作者的心态，使他有意无意地用这个读者的眼光来审视自己写下的东西。结果，日记不再成其为日记，与上帝的密谈蜕变为向他人的倾诉和表白，社会关系无耻地占领了个人的最后一个精神密室。当一个人在任何时间内，包括在写日记时，面对的始终是他人，不复能够面对自己的灵魂时，不管他在家庭、社会和一切人际关系中是一个多么诚实的人，他仍然失去了最根本的真实，即面对自己的真实。

因此，无法只为自己写日记，这一境况成了托尔斯泰婚后生活中的一个持久的病痛。三十四年后，他还在日记中无比沉痛地写道："我过去不为别人写日记时有过的那种宗教感情，现在都没有了。一想到有人看过我的日记而且今后还会有人看，那种感情就被破坏了。而那种感情是宝贵的，在生活中帮助过我。"这里的"宗教感情"是指一种仅仅属于每个人自己的精神生活，因为正像他在生命最后一年给索菲亚的一封信上所说的："每个人的精神生活是这个人与上帝之间的秘密，别人不该对它有任何要求。"在世间一切秘密中，唯此种秘密最为神圣，别种秘密的被揭露往往提供事情的真相，而此种秘密的受侵犯却会扼杀灵魂的真实。

可是，托尔斯泰仍然坚持写日记，直到生命的最后日子，而且在我看来，他在日记中仍然是非常真实的，比我所读到过的任何作家日记都真实。他把他不能真实地写日记的苦恼毫不隐讳地诉诸笔端，也正证明了他的真实。真实是他的灵魂的本色，没有任何力量能使他放弃，他自己也不能。

2

似乎也是出于对真实的热爱，萨特却反对一切秘密。他非常自豪他面对任何人都没有秘密，包括托尔斯泰所异常珍视的个人灵魂的秘密。他的口号是用透明性取代秘密。在他看来，写作的使命便是破除秘密，每个作家都完整地谈论自己，如此缔造一个一切人对一切人都没有秘密的完全透明的理想社会。

我不怀疑萨特对透明性的追求是真诚的，并且出于一种高尚的动机。但是，它显然是乌托邦。如果不是，就更可怕，因为其唯一可能的实现方式是奥威尔的《一九八四》和中国的"文化大革命"，即一种禁止个人秘密的恐怖的透明性。不过，这是题外话。对于我们来说，重要的是：写作的真实存在于透明性之中吗？

当然，写作总是要对人有所谈论。在此意义上，萨特否认有为自己写作这种事。他断言："一旦你开始写作，不管你愿意不愿意，你已经介入了。"可是，问题在于，在"介入"之前，作家所要谈论的问题已经存在了，它并不是在作家开口向人谈论的时候才突然冒出来的。一个真正的作家必有一个或者至多几个真正属于他的问题，这些问题往往伴随他的一生，它们的酝酿和形成恰好是他的灵魂的秘密。他的作品并非要破除这个秘密，而只是从这个秘密中生长出来的看得见的作物罢了。就写作是一个精神事件、作品是一种精神产品而言，有没有真正属于自己灵魂的问题和秘密，是写作是否真实的一个基本前提。这样的问题和秘密会引导写作者探索存在的未经勘察的领域，发现一个别人尚未发现的仅仅属于他的世界，他作为一个作家的存在理由和价值就在于此。没有这样的问题和秘密的人诚然也可以写点什么，甚至写很多的东西，然而，在最好的情况下，他们只是在传授知识、发表意见、报告新闻、编讲故事，因而不过是教师、演说家、记者、故事能手罢了。

第二次世界大战期间，加缪出于对法西斯的义愤加入了法国抵抗运动。战后，在回顾这一经历时，他指责德国人说："你们强迫我进入了历史，使我五年中不能享受鸟儿的歌唱。可是，历史有一种意义吗？"针对这一说法，萨特批评道："问题不在于是否愿意进入历史和历史是否有意义，而在于我们已经身在历史中，应当给它一种我们认为最好的意义。"他显然没有弄懂加缪苦恼的真正缘由：对于真正属于自己灵魂的问题的思考被外部的历史事件打断了。他太多地生活在外部的历史中，因而很难理解一个沉湎于内心生活的人的特殊心情。

我相信萨特是不为自己写日记的，他的日记必定可以公开，至少可以向波伏娃公开，因此他完全不会有托尔斯泰式的苦恼。我没有理由据此断定他不是一个好作家。不过，他的文学作品，包括小说和戏剧，无不散发着浓烈的演讲气息，而这不能不说与他主张并努力实行的透明性有关。昆德拉在谈到萨特的《恶心》时挖苦说，这部小说是存在主义哲学穿上了小说的可笑服装，就好像一个教师为了给打瞌睡的学生开心，决定用小说的形式上一课。的确，我们无法否认萨特是一个出色的教师。

3

对于我们今天的作家来说，托尔斯泰式的苦恼就更是一种陌生的东西了。一个活着时已被举世公认的文学泰斗和思想巨人，却把自己的私人日记看得如此重要，这个现象似乎只能解释为一种个人癖好，并无重要性。据我推测，今天以写作为生的大多数人是不写日记的，至少是不写灵魂密谈意义上的私人日记的。有些人从前可能写过，一旦成了作家，就不写了。想要或预约要发表的东西尚且写不完，哪里还有工夫写不发表的东西呢？

一位研究宗教的朋友曾经不胜感慨地向我诉苦：他忙于应付文债，几乎没有喘息的工夫，只在上厕所时才得到片刻的安宁。我笑笑说：可不，在这个忙碌的时代，我们只能在厕所里接待上帝。上帝在厕所里——这不是一句单纯的玩笑，而是我们这个时代的真实写照，厕所是上帝在这个喧嚣世界里的最后避难所。这还算好的呢，多少人即使在厕所里也无暇接待上帝，依然忙着尘世的种种事务，包括写作！

是的，写作成了我们在尘世的一桩事务。这桩事务又派生出了许多别的事务，于是我们忙于各种谈话：与同行、编辑、出版商、节目主持人等等。其实，写作也只是我们向公众谈话的一种方式而已。最后，我们干脆抛开纸笔，直接在电视台以及各种会议上频频亮相和发表谈话，并且仍然称这为写作。

曾经有一个时代，那时的作家、学者中出现了一批各具特色的人物，他们每个人都经历了某种独特的精神历程，因而都是一个独立的世界。在他们的一生中，对世界、人生、社会的观点也许会发生重大的变化，不论这些变化的促因是什么，都同时是他们灵魂深处的变化。我们尽可以对这些变化评头论足，但我们不得不承认，由这些变化组成的他们的精神历程在我们眼前无不呈现为一种独特的精神景观，闪耀着个性的光华。可是，今日的精英们却只是在无休止地咀嚼从前的精英留下的东西，名之曰文化讨论，并且人人都以能够在这讨论中插上几句话而自豪。他们也在不断改变着观点，例如昨天鼓吹革命，今天讴歌保守，昨天崇洋，今天尊儒，但是这些变化与他们的灵魂无关，我们从中看不到精神历程，只能看到时尚的投影。他们或随波逐流，或标新立异，而标新立异也无非是随波逐流的夸张形式罢了。把他们先后鼓吹过的观点搜集到一起，我们只能得到一堆意见的碎片，用它们是怎么也拼凑不出一个完整的个性的。

4

我把一个作家不为发表而从事的写作称为私人写作，它包括日记、笔记、书信等等。这是一个比较宽泛的定义，哪怕在写时知道甚至期待别人——例如爱侣或密友——读到的日记也包括在内，因为它们起码可以算是情书和书信。当然，我所说的私人写作肯定不包括预谋要发表的日记、公开的情书、登在报刊上的致友人书之类，因为这些东西不符合我的定义。要言之，在进行私人写作时，写作者所面对的是自己或者某一个活生生的具体的个人，而不是抽象的读者和公众。

因而，他此刻所具有的是一个生活、感受和思考着的普通人的心态，而不是一个专业作家的职业心态。

毫无疑问，最纯粹、在我看来也最重要的私人写作是日记。我甚至相信，一切真正的写作都是从写日记开始的，每一个好作家都有一个相当长久的纯粹私人写作的前史，这个前史决定了他后来之成为作家不是仅仅为了谋生，也不是为了出名，而是因为写作乃是他的心灵的需要，至少是他的改不掉的积习。他向自己说了太久的话，因而很乐意有时候向别人说一说。

私人写作的反面是公共写作，即为发表而从事的写作，这是就发表终究是一种公共行为而言的。对于一个作家来说，为发表的写作当然是不可避免也无可非议的，而且这是他锤炼文字功夫的主要领域，传达的必要促使他寻找贴切的表达，尽量把话说得准确生动。但是，他首先必须有话要说，这是非他说不出来的独一无二的话，是发自他心灵深处的话，如此他才会怀着珍爱之心为它寻找最好的表达，生怕它受到歪曲和损害。这样的话在向读者说出来之前，他必定已经悄悄对自己说过无数遍了。一个忙于向公众演讲而无暇对自己说话的作家，说出的话也许漂亮动听，但几乎不可能是真切感人的。

托尔斯泰认为，写作的职业化是文学堕落的主要原因。此话愤激中带有灼见。写作成为谋生手段，发表就变成了写作的最直接的目的，写作遂变为制作，于是文字垃圾泛滥。不被写作的职业化败坏是一件难事，然而仍是可能的，其防御措施之一便是适当限制职业性写作所占据的比重，为自己保留一个纯粹私人写作的领域。私人写作为作家提供了一个必要的空间，使他暂时摆脱职业性写作，回到自我，得以与自己的灵魂会晤。他从私人写作中得到的收获必定会给他的职业性写作也带来好的影响，精神的洁癖将使他不屑于制作文字垃圾。我确实相信，一个坚持为自己写日记的作家是不会高兴去写仅仅被市场所需要的东西的。

5

一九一零年的一个深秋之夜，离那个为求婚而幸福得睡不着觉的秋夜快半个世纪了，对于托尔斯泰来说，这是又一个不眠之夜。这天深夜，这位八十二岁的老翁悄悄起床，离家出走，十天后病死在一个名叫阿斯塔波沃的小车站上。

关于托尔斯泰晚年的出走，后人众说纷纭。最常见的说法是，他试图以此表明他与贵族生活——以及不肯放弃这种生活的托尔斯泰夫人——的决裂，走向已经为时过晚的自食其力的劳动生活。因此，他是为平等的理想而献身的。然而，事实上，托尔斯泰出走的真正原因也就是四十八年前新婚燕尔时令他不安的那个原因：日记。

如果说不能为自己写日记是托尔斯泰的一块心病，那么，不能看丈夫的日记就是索菲亚的一块心病，夫妇之间围绕日记展开了旷日持久的战争。到托尔斯泰晚年，这场战争达到了高潮。为了有一份只为自己写的日记，托尔斯泰真是费尽了心思，伤透了脑筋。有一段时间，这个举世闻名的大文豪竟然不得不把日记藏在靴筒里，连他自己也觉得滑稽。可是，最后还是被索菲亚翻出来了。索菲亚又要求看他其余的日记，他坚决不允，把他最后十年的日记都存进了一家银行。索菲亚为此不断地哭闹，她想不通做妻子的为什么不能看丈夫的日记，对此只能有一个解释：那里面一定写了她的坏话。在她又一次哭闹时，托尔斯泰喊了起来："我把我的一切都交了出来：财产，作品……只把日记留给了自己。如果你还要折磨我，我就出走，我就出走！"

说得多么明白。这话可是索菲亚记在她自己的日记里的，她不可能捏造对她不利的话。那个夜晚她又偷偷翻寻托尔斯泰的文件，终于促使托尔斯泰把出走的决心付诸行动。把围绕日记的纷争解释为争夺遗产继承权的斗争，未免太势利眼了。对于托尔斯泰来说，他死后日记落在谁手里是一件相对次要的事情，他不屈不挠争取的是为自己写日记的权利。这位公共写作领域的巨人同时也是一位为私人写作的权利献身的烈士。

06

真性情——

呵护日渐稀薄的童真

平常心

世上有一些东西，是你自己支配不了的，比如运气和机会，舆论和毁誉，那就不去管它们，顺其自然吧。

世上有一些东西，是你自己可以支配的，比如兴趣和志向，处世和做人，那就在这些方面好好地努力，至于努力的结果是什么，也顺其自然吧。

2

我们不妨去追求最好——最好的生活，最好的职业，最好的婚姻，最好的友谊，等等。但是，能否得到最好，取决于许多因素，不是光靠努力就能成功的。因此，如果我们尽了力，结果得到的不是最好，而是次好，次次好，我们也应该坦然地接受。人生原本就是有缺憾的，在人生中需要妥协。不肯妥协，和自己过不去，其实是一种痴愚，是对人生的无知。

3

要有平常心。人到中年以后，也许在社会上取得了一点儿虚名浮利，这时候就应该牢记一无所有的从前。事实上，谁来到这个世界的时候不是一条普通的生命？有平常心的人，看己看人都能除去名利的伪饰。

4

人过中年，就应该基本戒除功利心、贪心、野心，给善心、闲心、平常心让出地盘了，它们都源自一种看破红尘名利、回归生命本质的觉悟。如果没有这个觉悟会怎样呢？据说老年人容易变得冷漠、贪婪、自负，这也许就是答案吧。

5

在青年时期，人有虚荣心和野心是很正常的。成熟的标志是自我认识，认清了自己的天赋方向，于是外在的虚荣心和野心被内在的目标取代。

6

人在年轻时会给自己规定许多目标，安排许多任务，入世是基本的倾向。中年以后，就应该多少有一点出世的心态了。所谓出世，并非纯然消极，而是与世间的事务和功利拉开一段距离，活得洒脱一些。

一个人的实力未必表现为在名利山上攀登，真有实力的人还能支配自己的人生走向，适时地退出竞赛，省下时间来做自己喜欢做的事，享受生命的乐趣。

7

野心倘若肯下降为平常心，同时也就上升成了慧心。

8

在现代社会里生活，忙也许是常态。但是，常态之常，指的是经常，而非正常。倘若被常态禁锢，把经常误认作正常，心就会在忙中沉沦和迷失。警觉到常态未必正常，在忙中保持心的从容，这是一种觉悟，也是一种幸福。

9

对于忙，我始终有一种警惕。我确立了两个界限，第一要忙得愉快，只为自己真正喜欢的事忙，第二要忙得有分寸，做多么喜欢的事也不让自己忙昏了头。其实，正是做自己喜欢的事，更应该从容，心灵是清明而活泼的，才会把事情做好，也才能享受做事的快乐。

10

从容中有一种神性。在从容的心境中，我们仍得以领悟上帝的作品，并以之为榜样来创作人类的作品。没有从容的心境，我们的一切忙碌就只是劳作，不复有创造；一切知识的追求就只是学术，不复有智慧；一切成绩就只是功利，不复有心灵的满足；甚至一切宗教活动也只成了世俗的事务，不复有真正的信仰。没有从容的心境，无论建立起多么辉煌的物质文明，我们过的仍是野蛮的生活。

11

生而为人，忙于人类的事务本无可非议，重要的是保持心的从容。

12

一个人有能力做神，却生而为人，他就成了哲人。

苏格拉底说："我知道我一无所知。"他心中有神的全知，所以知道人归根到底是无知的，别的人却把人的一知半解当成了全知。

心中有完美，同时又把不完美作为人的命运承受下来，这就是哲人。

每个人都是一个宇宙

我的怪癖是喜欢一般哲学史不屑记载的哲学家，宁愿绕开一个个曾经显赫一时的体系的颓宫，到历史的荒村陋巷去寻找他们的足迹。爱默生就属于这些我颇愿结识一番的哲学家之列。我对爱默生向往已久。在我的精神旅行图上，我早已标出那个康科德小镇的方位。尼采常常提到他。如果我所喜欢的某位朋友常常情不自禁地向我提起他所喜欢的一位朋友，我知道我也准能喜欢他的这位朋友。

作为美国文艺复兴的领袖和杰出的散文大师，爱默生已名垂史册。作为一名哲学家，他却似乎进不了哲学的"正史"。他是一位长于灵感而拙于体系的哲学家。他的"体系"，所谓超验主义，如今在美国恐怕也没有人认真看待了。如果我试图对他的体系作一番条分缕析的解说，就未免太迂腐了。我只想受他的灵感的启发，随手写下我的感触。超验主义死了，但爱默生的智慧永存。

2

也许没有一个哲学家不是在实际上试图建立某种体系，赋予自己最得意的思想以普遍性形式。声明反对体系的哲学家也不例外。但是，大千世界的神秘不会屈从任何公式，没有一个体系能够万古长存。幸好真正有生命力的思想不会被体系的废墟掩埋，一旦除去体系的虚饰，它们反以更加纯粹的面貌出现在天空下，显示出它们与阳光、土地、生命的坚实联系，在我们心中唤起亲切的回响。

爱默生相信，人心与宇宙之间有着对应关系，所以每个人凭内心体验就可以认识自然和历史的真理。这就是他的超验主义，有点像主张"吾心即是宇宙""心即理""致良知"的宋明理学。人心与宇宙之间究竟有没有对应关系，这是永远无法在理论上证实或驳倒的。一种形而上学不过是一种信仰，其作用只是用来支持一种人生态度和价值立场。我宁可直接面对这种人生态度和价值立场，而不去追究它背后的形而上学信仰。于是我看到，爱默生想要表达的是他对人性完美发展的可能性的期望和信心，他的哲学是一首洋溢着乐观主义精神的个性解放的赞美诗。

但爱默生的人道主义不是欧洲文艺复兴的单纯回声。他生活在十九世纪，和同时代少数几个伟大思想家一样，他也是揭露现代资本主义社会异化现象的先知先觉者。每个人都是一个宇宙，但在现实中却成了碎片。"社会是这样一种状态，每一个人都像是从身上锯下来的一段肢体，昂然地走来走去，许多怪物—— 一个好手指，一个颈项，一个胃，一个肘弯，但是从来不是一个人。"我想起了马克思在一八四四年的手稿中对人的异化的分析。我也想起了尼采的话："我的目光从今天望到过去，发现比比皆是：碎片、断肢和可怕的偶然——可是没有人！"他们的理论归宿当然截然不同，但都同样热烈怀抱着人性全面发展的理想。往往有这种情况：同一种激情驱使人们从事理论探索，结果却找到了不同的理论，甚至彼此成为思想上的敌人。但是，真的是敌人吗？

3

每个人都是一个宇宙，每个人的天性中都蕴藏着大自然赋予的创造力。把这个观点运用到读书上，爱默生提倡一种"创造性的阅读"。这就是：把自己的生活当作正文；把书籍当作注解；听别人发言是为了使自己能说话；以一颗活跃的灵魂，为获得灵感而读书。

几乎一切创造欲强烈的思想家都对书籍怀着本能的警惕。蒙田曾谈到"文殇"，即因为读书过多而被文字之斧砍伤，丧失了创造力。叔本华把读书太滥譬作将自己的头脑变成别人思想的跑马场。爱默生也说："我宁愿从来没有看见过一本书，而不愿意被它的吸力扭曲过来，把我完全拉到我的轨道外面，使我成为一颗卫星，而不是一个宇宙。"

许多人热心地请教读书方法，可是如何读书其实是取决于整个人生态度的。开卷有益，也可能有害。过去的天才可以成为自己天宇上的繁星，也可以成为压抑自己的偶像。爱默生俏皮地写道："温顺的青年人在图书馆里长大，他们相信他们的责任是应当接受西塞罗、洛克、培根的意见；他们忘了西塞罗、洛克与培根写这些书的时候，也不过是图书馆里的青年人。"我要加上一句：幸好那时图书馆的藏书比现在少得多，否则他们也许成不了西塞罗、洛克和培根了。

好的书籍是朋友，但也仅仅是朋友。与好友会晤是快事，但必须自己有话可说，才能真正快乐。一个愚钝的人，再智慧的朋友对他也是毫无用处的，他坐在一群才华横溢的朋友中间，不过是一具木偶，一个讽刺，一种折磨。每个人都是一个神，然后才有奥林匹斯神界的欢聚。

我们读一本书，读到精彩处，往往情不自禁地要喊出声来：这是我的思想，这正是我想说的，被他偷去了！有时候真是难以分清，哪是作者的本意，哪是自己的混入和添加。沉睡的感受唤醒了，失落的记忆找回了，朦胧的思绪清晰了。其余一切，只是死的"知识"，也就是说，只是外在于灵魂有机生长过程的无机物。

我曾经计算过，尽我有生之年，每天读一本书，连我自己的藏书也读不完。何况还不断购进新书，何况还有图书馆里难计其数的书。这真有点令人绝望。可是，写作冲动一上来，这一切全忘了。爱默生说得漂亮："当一个人能够直接阅读上帝的时候，那时间太宝贵了，不能够浪费在别人阅读后的抄本上。"只要自己有旺盛的创作欲，无暇读别人写的书也许是一种幸运呢。

4

有两种自信：一种是人格上的独立自主，藐视世俗的舆论和功利；一种是理智上的狂妄自大，永远自以为是，自我感觉好极了。我赞赏前一种自信，对后一种自信则总是报以几分不信任。

人在世上，总要有所依托，否则会空虚无聊。有两样东西似乎是公认的人生支柱，在讲究实际的人那里叫职业和家庭，在注重精神的人那里叫事业和爱情。食色性也，职业和家庭是社会认可的满足人的两大欲望的手段，当然不能说它们庸俗。然而，职业可能不称心，家庭可能不美满，欲望是满足了，但付出了无穷烦恼的代价。至于事业的成功和爱情的幸福，尽管令人向往之至，却更是没有把握的事情。而且，有些精神太敏感的人，即使得到了这两样东西，还是不能摆脱空虚之感。

所以，人必须有人格上的独立自主。你诚然不能脱离社会和他人生活，但你不能一味攀援在社会建筑物和他人身上。你要自己在生命的土壤中扎根。你要在人生的大海上抛下自己的锚。一个人如果把自己仅仅依附于身外的事物，即使是极其美好的事物，顺利时也许看不出他的内在空虚，缺乏根基，一旦起了风浪，例如社会动乱、事业挫折、亲人亡故、失恋等等，就会一蹶不振乃至精神崩溃。正如爱默生所说："然而事实是：他早已是一只漂流着的破船，后来起的这一阵风不过向他自己暴露出他流浪的状态。" 爱默生写有长文热情歌颂爱情的魔力，但我更喜欢他的这首诗：

　　　为爱牺牲一切，

　　　服从你的心；

　　　朋友，亲戚，时日，

　　　名誉，财产，

　　　计划，信用与灵感，

　　　什么都能放弃。

　　　为爱离弃一切；

　　　然而，你听我说：……

　　　你需要保留今天，

　　　明天，你整个的未来，

　　　让它们绝对自由，

【懒惰】

世上许多事，只要肯动手做，就并不难。万事开头难，难就难在人皆有懒惰之心，因为怕麻烦而不去开这个头，久而久之，便真觉得事情太难而自己太无能了。于是，以懒惰开始，以怯懦告终，懒汉终于变成了弱者。

不要被你的爱人占领。

……

如果你心爱的姑娘另有所欢，你还她自由。

……

你应当知道，

半人半神走了，

神就来了。

世事的无常使得古来许多贤哲主张退隐自守，清静无为，无动于衷。我厌恶这种哲学。我喜欢看见人们生气勃勃地创办事业，如痴如醉地堕入情网，痛快淋漓地享受生命。但是，不要忘记了最主要的事情：你仍然属于你自己。每个人都是一个宇宙，每个人都应该有一个自足的精神世界。这是一个安全的场所，其中珍藏着你最珍贵的宝物，任何灾祸都不能侵犯它。心灵是一本奇特的账簿，只有收入，没有支出，人生的一切痛苦和欢乐，都化作宝贵的体验记入它的收入栏中。是的，连痛苦也是一种收入。人仿佛有了两个自我，一个自我到世界上去奋斗，去追求，也许凯旋，也许败归，另一个自我便含着宁静的微笑，把这遍体汗水和血迹的哭着笑着的自我迎回家来，把丰厚的战利品指给他看，连败归者也有一份。爱默生赞赏儿童身上那种不怕没得饭吃、说话做事从不半点随人的王公贵人派头。一到成年，人就注重别人的观感，得失之患多了。我想，一个人在精神上真正成熟之后，又会返璞归真，重获一颗自足的童心。他消化了社会的成规习见，把它们扬弃了。

5

还有一点余兴，也一并写下。有句成语叫大智若愚。人类精神的这种逆反形式很值得研究一番。我还可以举出大善若恶、大悲若喜、大信若疑、大严肃若轻浮。在爱默生的书里，我也找到了若干印证。

悲剧是深刻的，领悟悲剧也须有深刻的心灵。"性情浅薄的人遇到不幸，他的感情仅只是演说式的做作。"然而这不是悲剧。人生的险难关头最能检验一个人的灵魂深浅。有的人一生接连遭到不幸，却未尝体验过真正的悲剧情感。相反，表面上一帆风顺的人也可能经历巨大的内心悲剧。一切高贵的情感都羞于表白，一切深刻的体验都拙于言辞。大悲者会以笑谑嘲弄命运，以欢容掩饰哀伤。丑角也许比英雄更知人生的辛酸。爱默生举了一个例子：正当喜剧演员卡里尼使整个那不勒斯城的人都笑断肚肠的时候，有一个病人去找城里的一个医生，治疗他致命的忧郁症。医生劝他到戏院去看卡里尼的演出，他回答："我就是卡里尼。"

与此相类似，最高的严肃往往貌似玩世不恭。古希腊人就已经明白这个道理。爱默生引用普鲁塔克的话说："研究哲理而外表不像研究哲理，在嬉笑中做成别人严肃认真地做的事，这是最高的智慧。"正经不是严肃，就像教条不是真理一样。真理用不着板起面孔来增添它的权威。在那些一本正经的人中间，你几乎找不到一个严肃思考过人生的人。不，他们思考的多半不是人生，而是权力，不是真理，而是利益。真正严肃思考过人生的人知道生命和理性的限度，他能自嘲，肯宽容，愿意用一个玩笑替受窘的对手解围，给正经的论敌一个教训。他以诙谐的口吻谈说真理，仿佛故意要减弱他的发现的重要性，以便只让它进入真正知音的耳朵。

尤其是在信仰崩溃的时代，那些佯癫装疯的狂人倒是一些太严肃地对待其信仰的人。鲁迅深知此中之理，说嵇康、阮籍表面上毁坏礼教，实则倒是太相信礼教，因为不满意当权者利用和亵渎礼教，才以反礼教的过激行为发泄内心愤懑。其实，在任何信仰体制之下，多数人并非真有信仰，只是做出相信的样子罢了。于是过分认真的人就起而论究是非，阐释信仰之真谛，结果被视为异端。一部基督教史就是没有信仰的人以维护信仰之名把有信仰的人当作邪教徒烧死的历史。殉道者多半死于同志之手而非敌人之手。所以，爱默生说，伟大的有信仰的人永远被视为异教徒，终于被迫以一连串的怀疑论来表现他的信念。怀疑论实在是过于认真看待信仰或知识的结果。苏格拉底为了弄明智慧的实质，遍访雅典城里号称有智慧的人，结果发现他们只是在那里盲目自信，其实并无智慧。他到头来认为自己仍然不知智慧为何物，说出了那句著名的话："我知道我一无所知。"哲学史上的怀疑论者大抵都是太认真地要追究人类认识的可靠性，结果反而疑团丛生。

1

人生贵在行胸臆

读《袁中郎全集》，感到清风徐徐扑面，精神阵阵爽快。

明末的这位大才子一度做吴县县令，上任伊始，致书朋友们道："吴中得若令也，五湖有长，洞庭有君，酒有主人，茶有知己，生公说法石有长老。"开卷读到这等潇洒不俗之言，我再舍不得放下了，相信这个人必定还会说出许多妙语。

我的期望没有落空。

请看这一段："天下有大败兴事三，而破国亡家不与焉。山水朋友不相凑，一败兴也。朋友忙，相聚不久，二败兴也。游非及时，或花落山枯，三败兴也。"

真是非常的飘逸。中郎一生最爱山水，最爱朋友，难怪他写得最好的是游记和书信。

不过，倘若你以为他只是个耽玩的倜傥书生，未免小看了他。《明史》记载，他在吴县任上"听断敏决，公庭鲜事"，遂整日"与士大夫谈说诗文，以风雅自命"。可见极其能干，游刃有余。但他是真个风雅，天性耐不得官场俗务，终于辞职。后来几度起官，也都以谢病归告终。

在明末文坛上，中郎和他的两位兄弟是开一代新风的人物。他们的风格，用他评其弟小修诗的话说，便是"独抒性灵，不拘格套，非从自己胸臆流出，不肯下笔"。其实，这话不但说出了中郎的文学主张，也说出了他的人生态度。他要依照自己的真性情生活，活出自己的本色来。他的潇洒绝非表面风流，而是他的内在性灵的自然流露。性者个性，灵者灵气，他实在是个极有个性极有灵气的人。

2

每个人一生中，都曾经有过一个依照真性情生活的时代，那便是童年。孩子是天真烂漫，不肯拘束自己的，他活着整个儿就是在享受生命，世俗的利害和规矩暂时还都不在他眼里。随着年龄增长，染世渐深，俗虑和束缚愈来愈多，原本纯真的孩子才被改造成了俗物。

那么，能否逃脱这个命运呢？很难，因为人的天性是脆弱的，环境的力量是巨大的。随着童年的消逝，倘若没有一种成年人的智慧及时来补救，几乎不可避免地会失掉童心。所谓大人先生者不失赤子之心，正说明智慧是童心的守护神。凡童心不灭的人，必定对人生有着相当的彻悟。

所谓彻悟，就是要把生死的道理想明白。名利场上那班人不但没有想明白，只怕连想也不肯想。袁中郎责问得好："天下皆知生死，然未有一人信生之必死者……趋名骛利，惟曰不足，头白面焦，如虑铜铁之不坚，信有死者，当如是耶？"名利的追求是无止境的，官做大了还想更大，钱赚多了还想更多。"未得则前涂为究竟，涂之前又有涂焉，可终究钦？已得则即景为寄寓，寓之中无非寓焉，故终身驰逐而已矣。"在这终身的驰逐中，不再有工夫做自己真正感兴趣的事，接着连属于自己的真兴趣也没有了，那颗以享受生命为最大快乐的童心就这样丢失得无影无踪了。

事情是明摆着的：一个人如果真正想明白了生之必死的道理，他就不会如此看重和孜孜追逐那些到头来一场空的虚名浮利了。他会觉得，把有限的生命耗费在这些事情上，牺牲了对生命本身的享受，实在是很愚蠢的。人生有许多出于自然的享受，例如爱情、友谊、欣赏大自然、艺术创造等等，其快乐远非虚名浮利可比，而享受它们也并不需要太多的物质条件。在明白了这些道理以后，他就会和世俗的竞争拉开距离，借此为保存他的真性情赢得了适当的空间。而一个人只要依照真性情生活，就自然会努力去享受生命本身的种种快乐。用中郎的话说，这叫作："退得一步，即为稳实，多少受用。"

　　当然，一个人彻悟了生死的道理，也可能会走向消极悲观。不过，如果他是一个热爱生命的人，这一前途即可避免。他反而会获得一种认识：生命的密度要比生命的长度更值得追求。从终极的眼光看，寿命是无谓的，无论长寿短寿，死后都归于虚无。不止如此，即使用活着时的眼光作比较，寿命也无甚意义。中郎说："试令一老人与少年并立，问彼少年，尔所少之寿何在，觅之不得。问彼老人，尔所多之寿何在，觅之亦不得。少者本无，多者亦归于无，其无正等。"无论活多活少，谁都活在此刻，此刻之前的时间已经永远消逝，没有人能把它们抓在手中。所以，与其贪图活得长久，不如争取活得痛快。中郎引惠开的话说："人生不得行胸臆，纵年百岁犹为夭。"就是这个意思。

3

　　我们或许可以把袁中郎称作享乐主义者，不过他所提倡的乐，乃是合乎生命之自然的乐趣，体现生命之质量和浓度的快乐。在他看来，为了这样的享乐，付出什么代价也是值得的，甚至这代价也成了一种快乐。

　　有两段话，极能显出他的个性的光彩。

　　在一处他说，"世人所难得者惟趣"，尤其是得之自然的趣。他举出童子的无往而非趣，山林之人的自在度日，愚不肖的率心而行，作为这种趣的例子。然后写道："自以为绝望于世，故举世非笑之不顾也，此又一趣也。"凭真性情生活是趣，因此遭到全世界的反对又是趣，从这趣中更见出了怎样真的性情！

另一处谈到人生真乐有五，原文太精彩，不忍割爱，照抄如下：

"目极世间之色，耳极世间之声，身极世间之鲜，口极世间之谭，一快活也。堂前列鼎，堂后度曲，宾客满席，男女交舄，烛气熏天，珠翠委地，皓魄入帐，花影流衣，二快活也。箧中藏万卷书，书皆珍异。宅畔置一馆，馆中约真正同心友十余人，人中立一识见极高，如司马迁、罗贯中、关汉卿者为主，分曹部署，各成一书，远文唐宋酸儒之陋，近完一代未竟之篇，三快活也。千金买一舟，舟中置鼓吹一部，妓妾数人，游闲数人，泛家浮宅，不知老之将至，四快活也。然人生受用至此，不及十年，家资田产荡尽矣。然后一身狼狈，朝不谋夕，托钵歌妓之院，分餐孤老之盘，往来乡亲，恬不知耻，五快活也。"

前四种快活，气象已属不凡，谁知他笔锋一转，说享尽人生快乐以后，一败涂地，沦为乞丐，又是一种快活！中郎文中多这类飞来之笔，出其不意，又顺理成章。世人常把善终视作幸福的标志，其实经不起推敲。若从人生终结看，善不善终都是死，都无幸福可言。若从人生过程看，一个人只要痛快淋漓地生活过，不管善不善终，都称得上幸福了。对于一个洋溢着生命热情的人来说，幸福就在于最大限度地穷尽人生的各种可能性，其中也包括困境和逆境。极而言之，乐极生悲不足悲，最可悲的是从来不曾乐过，一辈子稳稳当当，也平平淡淡，那才是白活了一场。

中郎自己是个充满生命热情的人，他做什么事都兴致勃勃，好像不要命似的。爱山水，便说落雁峰"可值百死"。爱朋友，便叹"以友为性命"。他知道"世上希有事，未有不以死得者"，值得要死要活一番。读书读到会心处，便"灯影下读复叫，叫复读，僮仆睡者皆惊起"，真是忘乎所以。他爱女人，坦陈有"青娥之癖"。他甚至发起懒来也上瘾，名之"懒癖"。

关于癖，他说过一句极中肯的话："余观世上语言无味面目可憎之人，皆无癖之人耳。若真有所癖，将沉湎酖溺，性命死生以之，何暇及钱奴宦贾之事。"有癖之人，哪怕有的是怪癖恶癖，终归还保留着一种自己的真兴趣真热情，比起那班名利俗物来更是一个活人。当然，所谓癖是真正着迷，全心全意，死活不顾。譬如巴尔扎克小说里的于洛男爵，爱女色爱到财产名誉地位性命都可以不要，到头来穷困潦倒，却依然心满意足，这才配称好色，那些只揩油不肯作半点牺牲的偷香窃玉之辈是不够格的。

4

一面彻悟人生的实质，一面满怀生命的热情，两者的结合形成了袁中郎的人生观。他自己把这种人生观与儒家的谐世、道家的玩世、佛家的出世并列为四，称作适世。若加比较，儒家是完全入世，佛家是完全出世，中郎的适世似与道家的玩世相接近，都在入世出世之间。区别在于，玩世是入世者的出世法，怀着生命的忧患意识逍遥世外，适世是出世者的入世法，怀着大化的超脱心境享受人生。用中郎自己的话说，他是想学"凡间仙，世中佛，无律度的孔子"。

明末知识分子学佛参禅成风，中郎是不以为然的。他"自知魔重"，"出则为湖魔，入则为诗魔，遇佳友则为谈魔"，舍不得人生如许乐趣，绝不肯出世。况且人只要生命犹存，真正出世是不可能的。佛祖和达摩舍太子位出家，中郎认为是没有参透生死之理的表现。他批评道："当时便在家何妨，何必掉头不顾，为此偏枯不可训之事？似亦不圆之甚矣。"人活世上，如空中鸟迹，去留两可，无须拘泥区区行藏的所在。若说出家是为了离生死，你总还带着这个血肉之躯，仍是跳不出生死之网。若说已经看破生死，那就不必出家，在网中即可作自由跳跃。死是每种人生哲学不可回避的根本问题。中郎认为，儒道释三家，至少就其门徒的行为看，对死都不甚了悟。儒生"以立言为不死，是故著书垂训"，道士"以留形为不死，是故锻金炼气"，释子"以寂灭为不死，是故耽心禅观"，他们都企求某种方式的不死。而事实上，"茫茫众生，谁不有死，堕地之时，死案已立"，不死是不可能的。

那么，依中郎之见，如何才算了悟生死呢？说来也简单，就是要正视生之必死的事实，放下不死的幻想。他比较赞赏孔子的话："朝闻道，夕死可矣。"一个人只要明白了人生的道理，好好地活过一场，也就死而无憾了。既然死是必然的，何时死，缘何死，便完全不必在意。他曾患呕血之病，担心必死，便给自己讲了这么一个故事：有人在家里藏一笔钱，怕贼偷走，整日提心吊胆，频频查看。有一天携带着远行，回来发现，钱已不知丢失在途中何处了。自己总担心死于呕血，而其实迟早要生个什么病死去，岂不和此人一样可笑？这么一想，就宽心了。

总之，依照自己的真性情痛快地活，又抱着宿命的态度坦然地死，这大约便是中郎的生死观。

未免太简单了一些！然而，还能怎么样呢？我自己不是一直试图对死进行深入思考，而结论也仅是除了平静接受，别无更好的法子？许多文人，对于人生问题作过无穷的探讨，研究过各种复杂的理论，在兜了偌大圈子以后，往往回到一些十分平易质朴的道理上。对于这些道理，许多文化不高的村民野夫早已了然于胸。不过，倘真能这样，也许就对了。罗近溪说："圣人者，常人而肯安心者也。"中郎赞"此语抉圣学之髓"，实不为过誉。我们都是有生有死的常人，倘若我们肯安心做这样的常人，顺乎天性之自然，坦然于生死，我们也就算得上是圣人了。只怕这个境界并不容易达到呢。

闲适，享受生命本身

1

愈是自然的东西，就愈是属于我的生命的本质，愈能牵动我的至深的情感。例如，女人和孩子。

现代人享受的花样愈来愈多了。但是，我深信人世间最甜美的享受始终是那些最古老的享受。

2

有钱又有闲当然幸运，倘不能，退而求其次，我宁做有闲的穷人，不做有钱的忙人。我爱闲适胜于爱金钱。金钱终究是身外之物，闲适却使我感到自己是生命的主人。

有人说："有钱可以买时间。"这话当然不错。但是，如果大前提是"时间就是金钱"，买得的时间又追加为获取更多金钱的资本，则一生劳碌便永无终时。

所以，应当改变大前提：时间不仅是金钱，更是生命，而生命的价值是金钱无法衡量的。

3

人们不妨赞美清贫，却不可讴歌贫困。人生的种种享受是需要好的心境的，而贫困会剥夺好的心境，足以扼杀生命的大部分乐趣。

金钱的好处便是使人免于贫困。

但是，在提供积极的享受方面，金钱的作用极其有限。人生最美好的享受，包括创造、沉思、艺术欣赏、爱情、亲情等等，都非金钱所能买到。原因很简单，所有这类享受皆依赖于心灵的能力，而心灵的能力是与钱包的鼓瘪毫不相干的。

4

金钱，消费，享受，生活质量——当我把这些相关的词排列起来时，我忽然发现它们好像有一种递减关系：金钱与消费的联系最为紧密，与享受的联系要弱一些，与生活质量的联系就更弱。因为至少，享受不限于消费，还包括创造，生活质量不只看享受，还要看承受苦难的勇气。在现代社会里，金钱的力量当然是有目共睹的，但是这种力量肯定没有大到足以修改我们对生活的基本理解。

【自信】

一般而言，性格内向者容易自卑，性格外向者容易自信。不过，事实上，这种区分只具有非常相对的性质。在同一个人身上，自卑和自信往往同时并存，交替出现，乃至激烈格斗。也许最有力量的东西总是埋藏得最深，当我在哀怜苍生的面容背后发现一种大自信，在扭转乾坤的手势上读出一种大自卑，我的心不禁震惊了。

5

生活质量的要素：一、创造；二、享受；三、体验。

6

只有一次的生命是人生最宝贵的财富，但许多人宁愿用它来换取那些次宝贵或不甚宝贵的财富，把全部生命耗费在学问、名声、权力或金钱的积聚上。他们临终时当如此悔叹："我只是使用了生命，而不曾享受生命！"

7

一个人可以凭聪明、勤劳和运气挣许多钱，但如何花掉这些钱却要靠智慧了。如何花钱比如何挣钱更能见出一个人的品位高下。

8

在五光十色的现代世界中，让我们记住一个古老的真理：活得简单才能活得自由。

9

自古以来，一切贤哲都主张过一种简朴的生活，以便不为物役，保持精神的自由。事实上，一个人为维持生存和健康所需的物品并不多，超乎此的属于奢侈品。它们固然提供享受，但更强求服务，反而成了一种奴役。

现代人是活得愈来愈复杂了，结果得到许多享受，却并不幸福，拥有许多方便，却并不自由。

10

一切奢侈品都给精神活动带来不便。

11

耶和华在西奈山向摩西传十诫，其第四诫是：星期天必须休息，守为圣日。他甚至下令，凡星期天工作者格杀勿论。有一个人在星期天捡柴，他便吩咐摩西，让信徒们用石头把这人砸死了。

未免太残忍了。

不过，我们不妨把这看作寓言，其寓意是：闲暇和休息也是神圣的。

闲暇是生命的自由空间。只是劳作，没有闲暇，人会丧失性灵，忘掉人生之根本。这岂不就是渎神？所以，对于一个人人匆忙赚钱的时代，摩西第四诫是一个必要的警告。

当然，工作同样是神圣的。无所作为的懒汉和没头没脑的工作狂乃是远离神圣的两极。创造之后的休息，如同创世后第七日的上帝那样，这时我们最像一个神。

12

天地悠悠，生命短促，一个人一生的确做不成多少事。明白了这一点，就可以善待自己，不必活得那么紧张匆忙了。但是，也正因为明白了这一点，就可以不抱野心，只为自己高兴而好好做成几件事了。

13

没有空玩儿，没有空看看天空和大地，没有空看看自己的灵魂……

我的回答是：永远没有空——随时都有空。

14

世上有味之事，包括诗、酒、哲学、爱情，往往无用。吟无用之诗，醉无用之酒，读无用之书，钟无用之情，终于成一无用之人，却因此活得有滋有味。

15

光阴似箭，然而只是对于忙人才如此。日程表排得满满的，永远有做不完的事，这时便会觉得时间以逼人之势驱赶着自己，几乎没有喘息的工夫。

相反，倘若并不觉得有非做不可的事情，心静如止水，光阴也就停住了。永恒是一种从容的心境。

16

健康是为了活得愉快，而不是为了活得长久。活得愉快在己，活得长久在天。而且，活得长久本身未必是愉快。

17

夜里睡了一个好觉，早晨起来又遇到一个晴朗的日子，便会有一种格外轻松愉快的心情，好像自己变年轻了，而且会永远年轻下去。

18

我已经会开汽车，却仍然喜欢步行、骑车（倘若路途不太远的话），或者搭乘公共汽车（倘若不太拥挤的话），觉得那样是更加自由自在的，可以不必过于注意交通，让头脑继续享受沉思和遐想的快乐。

回归简单的生活

除夕之夜，鞭炮声大作。我躲进了我的小屋。这是我最容易感到寂寞无聊的时候。不过，这种感觉没什么不好。

我的趣味一向是，寂寞比热闹好，无聊比忙碌好。寂寞是想近人而无人可近，无聊是想做事而无事可做。然而，离人远了，离神就近了。眼睛不盯着手头的事务，就可以观赏天地间的奥秘了。人生诚然难免寂寞无聊，但若真的免去了它们，永远热闹，永远忙碌，岂不更可怕？

现代人差不多是到了永远热闹忙碌的地步。奇怪的是，寂寞无聊好像不但没有免去，反而有增无减。整个现代生活就像是一场为逃避寂寞制造出来的热闹，为逃避无聊制造出来的忙碌。可是，愈怕鬼，鬼愈来，鬼就在自己心中。

看到书店出售教授交际术、成功术之类的畅销书，我总感到滑稽。一个人对某个人有好感，和他或她交了朋友，或者对某件事感兴趣，想方设法把它做成功，这本来都是自然而然的。不熟记要点就交不了朋友，不乞灵秘诀就做不成事业，可见多么缺乏真情感真兴趣了。但是，没有真情感，怎么会有真朋友呢？没有真兴趣，怎么会有真事业呢？既然如此，又何必孜孜于交际和成功？这样做当然有明显的功利动机，但那还是比较表面的，更深的原因是精神上的空虚，于是急于找捷径躲到人群和事务中去。我不知道其效果如何，只知道如果这样的交际家走近我身旁，我一定会更感寂寞，如果这样的成功者站在我面前，我一定会更觉无聊的。

人活世上，有时难免要有求于人和违心做事。但是，我相信，一个人只要肯约束自己的贪欲，满足于过比较简单的生活，就可以把这些减少到最低限度。远离这些麻烦的交际和成功，实在算不得什么损失，反而受益无穷。我们因此获得了好心情和好光阴，可以把它们奉献给自己真正喜欢的人，真正感兴趣的事，而首先是奉献给自己。对于一个满足于过简单生活的人，生命的疆域是更加宽阔的。

曾经有一个时期，人类过着极其平静单调的生活。用现代人的眼光看，一定会认为那种生活难以忍受。可是，我们很少听说我们的祖先曾经抱怨寂寞，叹息无聊。要适应简单的生活，必须有一颗淳朴的心。我承认我也是一个现代人，已经没有那样淳朴的心，因而适应不了那样简单的生活了。

不过，我想，我至少能做到，当我寂寞无聊的时候，尽量忍受，绝不逃避。我不到电视机前去呆坐，不到娱乐厅去玩电子游戏，不去酒吧陪时髦的先生或小姐喝高级饮料，宁肯陪我的无聊多坐一会儿。我要尽量平静地度寂寞的时光，尽量从容地品尝无聊的滋味，也许这正是一个回归简单生活的机会。

照理说，生命如此短暂，想做的事根本做不完，应该没有工夫感到无聊。单说读书，读某一类书，围绕某一个专题读，就得搭进去一辈子的光阴。然而，我宁愿少读点书，多留点时间给无聊。一个人只要不讨厌自己，是不该怕无聊的。不读别的书，正好仔细读自己的灵魂这本书。我可不愿意到了垂暮之年，号称读书破万卷，学问甲天下，自己的灵魂这本书却未曾翻开过。如果那样，我会为自己白活一场而死不瞑目的。新年伊始，我只有一个很简单的愿望。我希望在离城市很远的地方有一间自己的屋子，里面只摆几件必要的家具，绝对不安电话，除了少数很亲密又很知趣的朋友外，也不给人留地址，我要在那里重新学会过简单的生活。至于说像梭罗那样在风景优美的湖滨筑屋幽居，那可是我不敢抱的奢望。

1

为别人对你的好感、承认、报偿做的事，如果别人不承认，便等于零。而为自己的良心、才能、生命做的事，即使没有一个人承认，也丝毫无损。

我之所以宁愿靠自己的本事吃饭，其原因之一是为了省心省力，不必去经营我所不擅长的人际关系了。

2

一个人之所以不爱自己，甚至厌烦自己，是因为缺乏灵性即精神性。这样的人不够有灵性以自娱，于是感到无聊，希望在琐碎的日常劳作——所谓为他人生活——中忘掉这个空虚的自我。

3

自爱者才能爱人，富裕者才能馈赠。给人以生命欢乐的人，必是自己充满着生命欢乐的人。一个不爱自己的人，既不会是一个可爱的人，也不可能真正爱别人。他带着对自己的怨恨到别人那里去，就算他是去行善的吧，他的怨恨仍会在他的每一件善行里显露出来，加以损伤。受惠于一个自怨自艾的人，还有比这更不舒服的事吗？

4

人与人之间有同情、有仁义、有爱。所以，世上有克己助人的慈悲和舍己救人的豪侠。但是，每一个人终究是一个生物学上和心理学上的个体，最切己的痛痒唯有自己能最真切地感知。在这个意义上，对于每一个人来说，他最关心的还是他自己，世上最关心他的也还是他自己。要别人比他自己更关心他，要别人比关心每人自己更关心他，都是违背作为个体的生物学和心理学本质的。结论是：每个人都应该自立。

5

一个人为了实现自我，必须先在非我的世界里漫游一番。但是，有许多人就迷失在这漫游途中了，沾沾自喜于他们在社会上的小小成功，不再想回到自我。成功使他们离他们的自我愈来愈远，终于成为随波逐流之辈。另有一类灵魂，时时为离家而不安，漫游愈久而思家愈切，唯有他们，无论成功失败，都能带着丰富的收获返回他们的自我。

6

我要为自己定一个原则：每天夜晚，每个周末，每年年底，只属于我自己。在这些时间里，我不做任何履约交差的事情，而只读我自己想读的书，只写我自己想写的东西。如果不想读不想写，我就什么也不做，宁肯闲着，也决不应付差事。差事是应付不完的，唯一的办法是人为地加以限制，确保自己的自由时间。

7

闲适和散漫都是从俗务中抽身出来的状态，心境却迥异。闲适者回到了自我，在自己的天地里流连徜徉，悠然自得，内心是宁静而澄澈的。散漫者找不到自我，只好依然在外物的世界里东抓西摸，无所适从，内心是烦乱而浑浊的。

8

我走在自己的路上了。成功与失败、幸福与苦难都已经降为非常次要的东西。最重要的东西是这条路本身。

9

他们一窝蜂挤在那条路上，互相竞争、推搡、阻挡、践踏。前面有什么？不知道。既然大家都朝前赶，肯定错不了。你悠然独行，不慌不忙，因为你走在自己的路上，它仅仅属于你，没有人同你争。

10

　　此刻我心中涌现出一些多么生动的感觉，使我确信我活着——正是我，不是别人，这个我不会和别人混同。于是我想，在我的生命中还是有太多的空白，那时候感觉沉睡着，我浑浑噩噩，与芸芸众生没有什么两样。

11

　　人人都在写自己的历史，但这历史缺乏细心的读者。我们没有工夫读自己的历史，即使读，也是读得何其草率。

1

人分两种：一种人有往事，另一种人没有往事。有往事的人爱生命，对时光流逝无比痛惜，因而怀着一种特别的爱意，把自己所经历的一切珍藏在心灵的谷仓里。

世上什么不是往事呢？此刻我所看到、听到、经历到的一切，无不转瞬即逝，成为往事。所以，珍惜往事的人便满怀爱怜地注视一切，注视即将被收割的麦田，正在落叶的树，最后开放的花朵，大路上边走边衰老的行人。这种对万物的依依惜别之情是爱的至深源泉。由于这爱，一个人才会真正用心在看、在听、在生活。

是的，只有珍惜往事的人才真正在生活。

没有往事的人对时光流逝毫不在乎，这种麻木使他轻慢万物，凡经历的一切都如过眼烟云，随风飘散，什么也留不下。他根本没有想到要留下。他只是貌似在看、在听、在生活罢了，实际上早已是一具没有灵魂的空壳。

2

珍惜往事的人也一定有一颗温柔爱人的心。

当我们的亲人远行或故世之后，我们会不由自主地百般追念他们的好处，悔恨自己的疏忽和过错。然而，事实上，即使尚未生离死别，我们所爱的人何尝不是在时时刻刻离我们而去呢？

浩渺宇宙间，任何一个生灵的降生都是偶然的，离去却是必然的。一个生灵与另一个生灵的相遇总是千载一瞬，分别却是万劫不复。说到底，谁和谁不同是这空空世界里的天涯沦落人？

在平凡的日常生活中，你已经习惯了和你所爱的人的相处，仿佛日子会这样无限延续下去。忽然有一天，你心头一惊，想起时光在流逝，正无可挽回地把你、你所爱的人以及你们共同拥有的一切带走。于是，你心中升起一股柔情，想要保护你的爱人免遭时光劫掠。你还深切感到，平凡生活中这些最简单的幸福也是那么宝贵，有着稍纵即逝的惊人的美……

3

人是怎样获得一个灵魂的？

通过往事。

正是被亲切爱抚着的无数往事使灵魂有了深度和广度，造就了一个丰满的灵魂。在这样一个灵魂中，一切往事都继续活着：从前的露珠在继续闪光，某个黑夜里飘来的歌声在继续回荡，曾经醉过的酒在继续芳香，早已死去的亲人在继续对你说话……你透过活着的往事看世界，世界别具魅力。活着的往事——这是灵魂之所以具有孕育力和创造力的秘密所在。

在一切往事中，童年占据着最重要的篇章。童年是灵魂生长的源头。我甚至要说，灵魂无非就是一颗成熟了的童心，因为成熟而不会再失去。圣·埃克絮佩里创作的童话中的小王子说得好："使沙漠显得美丽的，是它在什么地方藏着一口水井。" 我相信童年就是人生沙漠中的这样一口水井。始终携带着童年走人生之路的人是幸福的，由于心中藏着永不枯竭的爱的源泉，再荒凉的沙漠也化作了美丽的风景。

4

"上帝创造了乡村，人类创造了城市。"这是英国诗人库柏的诗句。我要补充说：在乡村中，时间保持着上帝创造时的形态，它是岁月和光阴；在城市里，时间却被抽象成日历和数字。在城市里，光阴是停滞的。城市没有季节，它的春天没有融雪和归来的候鸟，秋天没有落叶和收割的庄稼。只有敏锐地感觉到时光流逝的人才有往事，可是，城里人整年被各种建筑物包围着，他对季节变化和岁月交替会有什么敏锐的感觉呢？何况在现代商业社会中，人们活得愈来愈匆忙，哪里有工夫去注意草木发芽、树叶飘落这种小事！哪里有闲心用眼睛看，用耳朵听，用心灵感受！时间就是金钱，生活被简化为尽快地赚钱和花钱。沉思未免奢侈，回味往事简直是浪费。一个古怪的矛盾：生活节奏加快了，然而没有生活。天天争分夺秒，岁岁年华虚度，到头来发现一辈子真短。怎么会不短呢？没有值得回忆的往事，一眼就望到了头。

5

就在这样一个愈来愈没有往事的世界上，一个珍惜往事的人悄悄写下了她对往事的怀念。这是一些太细小的往事，就像她念念不忘的小花、甲虫、田野上的炊烟、井台上的绿苔一样细小。可是，在她心目中，被时光带来又带走的一切都是造物主写给人间的情书，她用情人的目光从中读出了无穷的意味，并把它们珍藏在忠贞的心中。

这就是摆在你们面前的这本《人间情书》。你们将会发现，我的序中的许多话都是蓝蓝说过的，我只是稍作概括罢了。

蓝蓝上过大学，出过诗集，但我觉得她始终只是个乡下孩子。她的这本散文集也好像是乡村田埂边的一朵小小的野花，在温室鲜花成为时髦礼品的今天也许是很不起眼的。但是，我相信，一定会有读者喜欢它，并且想起泰戈尔的著名诗句——

"我的主，你的世纪，一个接着一个，来完成一朵小小的野花。"

生命本来没有名字

这是一封读者来信，从一家杂志社转来的。每个作家都有自己的读者，都会收到读者的来信，这很平常。我不经意地拆开了信封。可是，读了信，我的心在一种温暖的感动中战栗了。

请允许我把这封不长的信抄录在这里——

"不知道该怎样称呼您，每一种尝试都令自己沮丧，所以就冒昧地开口了，实在是一份由衷的生命对生命的亲切温暖的敬意。

"记住你的名字大约是在七年前，那一年翻看一本《父母必读》，上面有一篇写孩子的或者是写给孩子的文章，是印刷体却另有一种纤柔之感，觉得您这个男人的面孔很别样。

"后来慢慢长大了，读您的文章便多了，常推荐给周围的人去读，从不多聒噪什么，觉得您的文章和人似乎是很需要我们安静的，因为什么，却并不深究下去了。

"这回读您的《时光村落里的往事》，恍若穿行乡村，沐浴到了最干净最暖和的阳光。我是一个卑微的生命，但我相信您一定愿意静静地听这个生命说：'我愿意静静地听您说话……'我从不愿把您想象成一个思想家或散文家，您不会为此生气吧。

"也许再过好多年之后，我已经老了，那时候，我相信为了年轻时读过的您的那些话语，我要用心说一声：谢谢您！"

信尾没有落款，只有这一行字："生命本来没有名字吧，我是，你是。"我这才想到查看信封，发现那上面也没有寄信人的地址，作为替代的是"时光村落"四个字。我注意了邮戳，寄自河北怀来。

从信的口气看，我相信写信人是一个很年轻的刚刚长大的女孩，一个生活在穷城僻镇的女孩。我不曾给《父母必读》寄过稿子，那篇使她和我初次相遇的文章，也许是这个杂志转载的，也许是她记错了刊载的地方，不过这都无关紧要。令我感动的是她对我的文章的读法，不是从中寻找思想，也不是作为散文欣赏，而是一个生命静静地倾听另一个生命。所以，我所获得的不是一个作家的虚荣心的满足，而是一个生命被另一个生命领悟的温暖，一种暖入人性根底的深深的感动。

【 命运 】

狂妄的人自称命运的主人，谦卑的人甘为命运的奴隶。除此之外还有一种人。他照看命运，但不强求；接受命运，但不胆怯。

走运时，他会揶揄自己的好运。倒运时，他又会调侃自己的厄运。

他不低估命运的力量，也不高估命运的价值。他只是做命运的朋友罢了。

"生命本来没有名字"——这话说得多么好！我们降生到世上，有谁是带着名字来的？又有谁是带着头衔、职位、身份、财产等等来的？可是，随着我们长大，越来越深地沉溺于俗务琐事，已经很少有人能记起这个最单纯的事实了。我们彼此以名字相见，名字又与头衔、身份、财产之类相连，结果，在这些寄生物的缠绕之下，生命本身隐匿了，甚至萎缩了。无论对己对人，生命的感觉都日趋麻痹。多数时候，我们只是作为一个称谓活在世上。即使是朝夕相处的伴侣，也难得以生命的本然状态相待，更多的是一种伦常和习惯。浩瀚宇宙间，也许只有我们的星球开出了生命的花朵，可是，在这个幸运的星球上，比比皆是利益的交换，身份的较量，财产的争夺，最罕见的偏偏是生命与生命的相遇。仔细想想，我们是怎样地本末倒置，因小失大，辜负了造化的宠爱。

是的——我是，你是，每一个人都是一个多么普通又多么独特的生命，原本无名无姓，却到底可歌可泣。我、你，每一个生命都是那么偶然地来到这个世界上，完全可能不降生，却毕竟降生了，然后又将必然地离去。想一想世界在时间和空间上的无限，每一个生命的诞生的偶然，怎能不感到一个生命与另一个生命的相遇是一种奇迹呢。有时我甚至觉得，两个生命在世上同时存在过，哪怕永不相遇，其中也仍然有一种令人感动的因缘。我相信，对于生命的这种珍惜和体悟乃是一切人间之爱的至深的源泉。你说你爱你的妻子，可是，如果你不是把她当作一个独一无二的生命来爱，那么你的爱还是比较有限。你爱她的美丽、温柔、贤惠、聪明，当然都对，但这些品质在别的女人身上也能找到。唯独她的生命，作为一个生命体的她，却是在普天下的女人身上也无法重组或再生的，一旦失去，便是不可挽回地失去了。世上什么都能重复，恋爱可以再谈，配偶可以另择，身份可以炮制，钱财可以重挣，甚至历史也可以重演，唯独生命不能。愈是精微的事物愈不可重复，所以，与每一个既普通又独特的生命相比，包括名声、地位、财产在内的种种外在遭遇实在粗浅得很。

既然如此，当另一个生命，一个陌生得连名字也不知道的生命，远远地却又那么亲近地发现了你的生命，透过世俗功利和文化的外观，向你的生命发出了不求回报的呼应，这岂非人生中令人感动的幸遇？

所以，我要感谢这个不知名的女孩，感谢她用她的安静的倾听和领悟点拨了我的生命的性灵。

很想让她知道我的感谢，但愿她读到这篇文章。

心灵也是一种现实

1

人同时生活在外部世界和内心世界中。内心世界也是一个真实的世界。或者，反过来说也一样：外部世界也是一个虚幻的世界。

2

对于不同的人，世界呈现不同的面貌。在精神贫乏者眼里，世界也是贫乏的。世界的丰富的美是依每个人心灵丰富的程度而开放的。

对于音盲来说，贝多芬等于不存在；对于画盲来说，毕加索等于不存在；对于只读流行小报的人来说，从荷马到海明威的整个文学宝库等于不存在；对于终年在名利场上奔忙的人来说，大自然的美等于不存在。

想一想，一生中有多少时候，我们把自己放逐在世界的丰富的美之外了？

3

肉体需要有它的极限，超于此上的都是精神需要。奢侈，挥霍，排场，虚荣，这些都不是直接的肉体享受，而是一种精神上的满足，当然是比较低级的满足。一个人在肉体需要得到了满足的基础上，他的剩余精力必然要投向对精神需要的追求，而精神需要有高低之分，由此分出了人的灵魂和生命质量的优劣。

4

不存在事实，只存在对事实的解释。当一种解释被经验所证明时，我们便称它为真理。由于经验总是有限的，所以真理总是相对的。

有一类解释是针对整个世界及其本质、起源、目的等等的，这类解释永远不能被经验所证明或否定，我们把这类解释称作信仰。

理想也是一种解释，它立足于价值立场来解释人生或者社会。作为价值尺度，理想一点儿也不虚无缥缈，一个人有没有理想，有怎样的理想，非常具体地体现在他的生活方式和处世态度中。

5

说到底，在这世界上，谁的经历不是平凡而又平凡的？心灵历程的悬殊才在人与人之间铺下了鸿沟。

6

对于一颗善于感受和思考的灵魂来说，世上并无完全没有意义的生活，任何一种经历都可以转化为内在的财富。而且，这是最可靠的财富，因为正如一位诗人所说："你所经历的，世间没有力量能从你那里夺走。"

7

心灵的财富也是积累而成的。一个人酷爱精神的劳作和积聚，不断产生、搜集、贮藏点滴的感受，日积月累，就在他的内心中建立了一个巨大的宝库，造就了一颗丰富的灵魂。在他面前，那些精神懒汉相比之下终于形同乞丐。

精神乞丐？可是精神的财富是可以乞讨而得的吗，哪怕拥有者愿意施舍？何况，物质上愈是贫穷的人就愈知道金钱的价值，认识精神财富的价值却需要精神的眼睛，而精神贫乏的人必定也在精神整体上发育不良，他的精神眼睛是盲的，甚至连乞讨的愿望也没有。物质上的贫富差别显而易见，于是穷人起而反抗，并且把带头揭露此种差别的人视为英雄和救星。可是，精神上的贫富差别唯有富者看得分明，倘若他直言不讳地揭露此种差别，就会被视为罪人，宽容一点吧，便是狂人和疯子。

物质上的贫富差别，受害者是穷人，他受肉体冻馁之苦。精神上的贫富差别，受害者是富人，他受精神孤独之苦。

8

善有善报，恶有恶报——人们往往把这里的报应理解得非常实际，似乎善报即世俗的福和乐，恶报即世俗的祸和苦。然而，在现实生活中，善人遭祸受灾或恶人升官发财的事情绝不罕见，于是一些人就大惑不解，斥之为谎言，另一些人则为了自我安慰，便把报应的实现推迟到死后。其实，这句话只有按照真正的宗教精神来理解才是真理，而按照真正的宗教精神，报应并不在天国或来世，当然更不是世俗性质的苦乐。真正的报应就在现世，这就是：对于善者和恶者来说，由于内在精神品质的不同，即使相同的外在遭遇也具有迥然不同的意义。善者并不因为他的善而能免人世之苦难，但能因此使苦难具有一种证实、洗礼、净化的精神价值，就像恶者因其恶而使降临在他们头上的苦难具有一种诅咒、浩劫、毁灭的惩罚性质一样。善者播下的是精神的种子，收获的也是精神的果实。如果他真的是善者，难道他还会指望别样的收获吗？

07

探寻自己——
我的心灵生活

点与面

那家豪华餐馆里正在举办一个婚礼，这个婚礼与你有某种关系。你并没有参加这个婚礼，你甚至不知道婚礼会举办和已经举办。你的不知道本身就具有一种意义，这意义是每个受到邀请的客人都心里明白又讳莫若深的，于是他们频频举杯向新郎新娘庆贺。

岁末的这个夜晚，你独自坐在远离市区的一间屋子里，清醒地意识到你的生活出现了空前的断裂。你并不孤寂，新的爱情花朵在你的秋天里温柔地开放。然而，无论花朵多么美丽，断裂依然存在。人们可以清除瓦砾，在废墟上建造新的乐园，却无法使死者复活，也无法禁止死者在地下歌哭。

是死去的往事在地下歌哭。真正孤寂的是往事，那些曾经共有的往事，而现在它们被无可挽回地遗弃了。它们的存在原本就缘于共同享有，一旦无人共享，它们甚至不再属于你。你当然可以对你以后的爱人谈论它们，而在最好的情形下，她也许会宽容地倾听并且表示理解，却抹不去嘴角的一丝嘲讽。谁都知道，不管它们过去多么活泼可爱，今天终归已成一群没人要的弃儿，因为曾有的辉煌而更加忍辱含垢，只配躲在人迹不至的荒野里自生自灭。

你太缺少随遇而安的天赋，所以你就成了一个没有家园的人。你在飘流中逐渐明白，所谓共享往事只是你的一种幻觉。人们也许可以共享当下的日子和幻想中的未来，却无法共享往事。如果你确实有过往事，那么，它们仅仅属于你，是你的生命的作品。当你这么想时，你觉得你重获了对自己的完整历史的信心。

2

一个男人抱着一个婴儿坐在街沿上，身前身后是飞驰的车轮和行人匆忙的脚步。没有人知道那个婴儿患有绝症，而那个父亲正在为此悲伤。即使有人知道，最多也只会在他们身旁停留片刻，投去怜悯的一瞥，然后又匆匆地赶路，很快忘记了这一幕小小的悲剧。如果你是行人，你也会这样的。有什么办法呢？生活太琐碎了，我们甚至不能在自己的一个不幸上长久集中注意力，更何况是陌生人的一个不幸。

可是，你偏偏不是行人，而就是那个父亲。

即使如此，你又能怎样呢？你用柔和的目光抚爱着孩子的脸庞，悄声对她说话。孩子很聪明，开始应答，用小手抓摸你，喊你爸爸，并且出声地笑了。尽管你没有忘记那个必然到来的结局，你也笑了。有一天孩子会发病，会哭，会经受临终的折磨，那时候你也会与她同哭。然后，孩子死了，而你仍然活着。你无法知道孩子死后你还能活多久，活着时还会遭遇什么，但你知道你也会死去。如果这就是生活，你又能怎样呢？

在这个世界上，幸福和苦难都是平凡的，它们本身不是奇迹，也创造不出奇迹。是的，甚至苦难也不能创造出奇迹。后来那个可怜的孩子死了，她只活了一岁半，你相信她在你的心中已经永恒，你的确常常想起她和梦见她，但更多的时候你好像从来没有过她那样地生活着。随着岁月流逝，她的小小的身影越来越淡薄，有时你真的怀疑起你是否有过她了。事实上你完全可能没有过她，没有过那一段充满幸福和苦难的日子，而你现在的生活并不会因此就有什么不同。也许正是类似的体验使年轻的加缪写下了这样的句子："每当我似乎感受到世界的深刻意义时，正是它的简单令我震惊。"

3

那个时候，你还不曾结婚，当然也不曾离婚，不曾有过做父亲然后又不做父亲的经历。你甚至没有谈过恋爱，没有看见过女人的裸体。尽管你已经大学毕业，你却单纯得令我吃惊。走出校门，你到了南方深山的一个小县，成为县里的一个小干部。和县里其他小干部一样，你也常常下乡，跋涉在崎岖的山路上。

有一天，你正独自走在山路上，天下着大雨，路滑溜溜的，你深一脚浅一脚地走着。远远看去，你头戴斗笠、身披塑料薄膜（就是罩在水稻秧田上的那种塑料薄膜）的身影很像一个农民。你刚从公社开会回来，要回到你蹲点的那个生产队去。在公社办公室里，一边听着县和公社的头头们布置工作，你一边随手翻看近些天的报纸。你的目光在一幅照片上停住了。那是当时报纸上常见的那种党和国家领导人接见外宾的照片，而你竟在上面发现了一个熟悉的面影，相应的文字说明证实了你的发现。她是你的一个昔日的朋友，不过你们之间已经久无联系了。当你满身泥水地跋涉在滂沱山雨中时，你鲜明地感觉到你离北京已经多么遥远，离一切成功和名声从来并且将永远多么遥远。

许多年后，你回到了北京。你常常从北京出发，应邀到各地去参加你的作品的售书签名，在各地的大学讲台上发表学术讲演。在忙碌的间隙，你会突然想起那次雨中的跋涉，可是丝毫没有感受到所谓成功的喜悦。无论你今天得到了什么，以后还会得到什么，你都不能使那个在雨中跋涉的青年感到慰藉，为此你心中弥漫开一种无奈的悲伤。回过头看，你无法否认时代发生了沧桑之变，这种变化似乎也改变了你的命运。但你立刻意识到在这里用"命运"这个词未免夸张，变换的只是场景和角色，那内在的命运却不会改变。你终于发现，你是属于深山的，在仅仅属于你的绵亘无际的空寂的深山中，你始终是那个踽踽独行的身影。

一辆大卡车把你们运到北京站，你们将从这里出发奔赴一个遥远的农场。列车尚未启动，几个女孩子站在窗外，正在和你的同伴话别。她们充满激情，她们的话别听起来像一种宣誓。你独自坐在列车的一个角落里，李贺的一句诗在你心中反复回响："我有迷魂招不得。"

你的行李极简单，几乎是空着手离开北京的。你的心也空了。不多天前，你烧毁了你最珍爱的东西——你的全部日记和文稿。在以后漫长的岁月里，你注定要为你生命之书不可复原的破损而不断痛哭。这是一个秘密的祭礼，祭你的那位屈死的好友。你进大学时几乎还是个孩子呢，瘦小的身体，腼腆的模样。其实他比你也大不了几岁，但当时在你眼里他完全是个大人了。这个热情的大孩子，他把你带到了世界文化宝库的门前，指引你结识了托尔斯泰、陀思妥耶夫斯基、易卜生、休谟等大师。夜深人静之时，他久久地站在昏暗的路灯下，用低沉的嗓音向你倾吐他对人生的思考，他的困惑和苦恼。从他办的一份手抄刊物中，你第一次对于自由写作有了概念。你逐渐形成了一个信念，相信人生最重要的事情不是学问和地位，而是真诚地生活和思考。可是，他为此付出的是生命的代价。

在等待列车启动的那个时刻，你的书包里只藏着几首悼念他的小诗。后来你越来越明白，一个人一生只能有一次这样的友谊，因为一个人只能有一次青春，一次精神上的启蒙。三十年过去了，他仍然常常在你的梦中复活和死去，令你一次次重新感到绝望。但是，这深切的怀念也使你懂得了男人之间友谊的宝贵。在以后的岁月里，你最庆幸的事情之一就是结识了若干志趣相投的朋友。尽管来自朋友的伤害使你猝不及防，惶惑和痛苦使你又退入荒野之中，你依然相信世上有纯真的友谊。

5

你放学回家，发现家里发生了某种异常事情。邻居们走进走出，低声议论。妈妈躺在床上，面容憔悴。弟弟悄悄告诉你，妈妈生了个死婴，是个女孩。你听见妈妈在对企图安慰她的一个邻居说，活着也是负担，还是死了好。你无法把你的悲伤告诉任何人。你还有一个比你小一岁的弟弟也夭折了，没有人知道这件事给你造成的创伤，你想象他就是你而你的确完全可能就像他一样死于襁褓，于是你坚信自己失去了一个最知己的同伴。

自从那次流产后，妈妈患了严重贫血，常常突然昏倒。你是怎样地为她担惊受怕呵，小小的年纪就神经衰弱，经常通宵失眠。你躺在黑暗中颤抖不止，看见墙上伸出长满绿毛的手，看见许多戴尖帽的小矮人在你的被褥上狞笑狂舞。你拉亮电灯，大声哭喊，妈妈说你又神经错乱了。

妈妈站在炉子前做饭，你站在她身边，仰起小脸蛋久久地望着她。你想用你的眼神告诉她，你是多么爱她，她决不能死。妈妈好像被你看得不好意思了，温和地呵斥你一声，你委屈地走开了。

一根铁丝割破了手指，看到溢出的血浆，你觉得你要死了，立即晕了过去。你满怀恐惧地走向一个同学的家，去参加课外小组的活动，预感到又将遭受欺负。一个女生奉命来教手工，同组的男生们恶作剧地把门锁上，不让她进来。听着一遍遍的敲门声，你心中不忍，胆怯地把门打开了，于是响起一阵哄笑，接着是体罚，他们把你按倒在地上，逼你说出她是你的什么人。你倔强地保持沉默，但在回家的路上，你流了一路眼泪。

我简直替自己害羞。这个敏感而脆弱的孩子是我吗？谁还能在我的身上辨认出他来呢？现在我的母亲已是八旬老人，远在家乡。我想起我们不多的几次相聚，她也只是默默地看着我忙碌。面对已经长大的儿子，她是否还会记起那张深情仰望着她的小脸蛋，而我又怎样向她叙说我后来的坎坷和坚忍呢？不，我多半只是说些眼前的琐事，仿佛它们是我们之间最重要的事情，而离别和死亡好像完全不存在似的。原本非常亲近的人后来天各一方，时间使他们可悲地疏远，一旦相见，语言便迫不及待地丈量这疏远的距离。人们对此似乎已经习以为常，生活的无情莫过于此了。

6

在我的词典里，没有"世纪末"这个词。编年和日历不过是人类自造的计算工具，我看不出其中某个数字比其余数字更具特别意义。所以，对于人们津津乐道的所谓"世纪末"，我没有任何感想。

当然，即将结束的二十世纪对于我是重要的，其理由不说自明。我是在这个世纪出生的，并且迄今为止一直在其中生活。没有二十世纪，就没有我。不过，这纯粹是一句废话。世上每一个人都出生在某一个世纪，他也许长寿，也许短命，也许幸福，也许不幸，这取决于别的因素，与他是否亲眼看见世纪之交完全无关。

我知道一些负有大使命感的人是很重视"世纪末"的，因为他们相信自己在旧的世纪有不可忽略的影响，对新的世纪有不可推卸的责任，总之新旧世纪都不能缺少他们，因此他们理应在世纪之交高瞻远瞩，点拨苍生。可是，我深知自己的渺小，对任何一个世纪都是可有可无的。所以，当别人站在世纪的高峰俯视历史之时，我只能对自己的平凡生涯做些琐碎的回忆。而且，这回忆绝非由"世纪末"触发。天道无情，人生易老，世纪的尺度对于个人未免大而无当了罢。

成为你自己
——《作为教育家的叔本华》译者导言之二

每个人的自我都是独一无二、不可重复的，每个人都理应在唯一的一次人生中实现这个自我的价值。谈论人生的意义，这应该是一个基本出发点。尼采也作如是观。他强调天才在文化创造上的决定作用，那是另一个问题，与此完全不矛盾的是，他同时也确认，人与人之间在自我的唯一性、独特性价值上是平等的。在本书中，他一再指出："每个人都是一个一次性的奇迹。""每个人只要严格地贯彻他的唯一性，他就是美而可观的，就像大自然的每个作品一样新奇而令人难以置信，绝对不会使人厌倦。""每个人在自身中都载负着一种具有创造力的独特性，以作为他的生存的核心。"因此，珍惜这个独特的自我，把它实现出来，是每个人的人生使命。

可是，我们看到的现实是，人们都在逃避自我，宁愿躲藏在习俗和舆论背后。尼采就从分析这个现象入手，他问道："其实每个人心里都明白，作为一个独一无二的事物，他在世上只存在一次，不会再有第二次这样的巧合，能把如此极其纷繁的许多元素又凑到一起，组合成一个像他现在所是的个体。他明白这一点，可是他把它像亏心事一样地隐瞒着——为什么呢？"原因之一："因为惧怕邻人，邻人要维护习俗，用习俗包裹自己。"这是怯懦，怕舆论。"然而，是什么东西迫使一个人惧怕邻人，随大流地思考和行动，而不是快快乐乐地做他自己呢？"原因之二：因为懒惰，贪图安逸，怕承担起对自己人生的责任。"人们的懒惰甚于怯懦，他们恰恰最惧怕绝对的真诚和坦白可能加于他们的负担。"二者之中，懒惰是更初始的原因，正是大多数人的懒惰造成了普遍的平庸，使得少数特立独行之人生活在人言可畏的环境中，而这便似乎使怯懦有了理由。

世上有非凡之人，也有平庸之辈，这个区别的形成即使有天赋的因素，仍不可推卸后天的责任。一个人不论天赋高低，只要能够意识到自我的独特性并勇于承担起对它的责任，就都可以活得不平庸。然而，这个责任是极其沉重的，自我的独特性上"系着一副劳苦和重任的锁链"，戴上这副锁链，"生命就丧失了一个人在年轻时对它梦想的几乎一切，包括快乐、安全、轻松、名声等等；孤独的命运便是周围人们给他的赠礼"。所以，大多数人避之唯恐不及，宁可随大流、混日子，于是成为平庸之辈。

非凡之人为什么甘愿戴这副锁链呢？仅仅因为天赋高就愿意了吗？当然不是。尼采说："伟人像所有小人物一样清楚，如果他循规蹈矩，得过且过，并且与周围的人和睦相处，他就能够生活得多么轻松，供他舒展身子的床铺会有多么柔软。"既然如此，他为什么偏要折磨自己呢？尼采的回答是，只因为他决不能容忍"人们企图在涉及他本人的事情上欺骗他"，他一定要活得明白，追问"我为何而活着"这样的根本问题，虽则这便意味着活得痛苦。

环顾周围，别人都不这样折磨自己。一方面，人们都作为大众而不是作为个人活着，"狂热地向政治舞台上演出的离奇闹剧鼓掌欢呼"。另一方面，人们都作为角色而不是作为自己活着，"戴着形形色色的面具，扮演成少年、丈夫、老翁、父亲、市民、牧师、官员、商人等等，踌躇满志地走来，一心惦记着他们同演的喜剧，从不想一想自己"。"你为何而活着？对于这个问题，他们全都会不假思索自以为是地答道：'为了成为一个好市民，或者学者，或者官员。'"尼采刻薄地讽刺道："然而他们是一种绝无成为另一种东西之能力的东西"；接着遗憾地问道："他们为什么是这样的呢？唉，为什么不是更好呢？"

尼采真正是哀其不幸，怒其不争。在他看来，逃避自我是最大的不争，由此导致的丧失自我是最大的不幸。他斥责道："大自然中再也没有比那种人更空虚、更野蛮的造物了，这种人逃避自己的天赋，同时却朝四面八方贪婪地窥伺……

他完全是一个没有核心的空壳，一件鼓起来的着色的烂衣服，一个镶了边的幻影……"

如此作为一个空壳活着，人们真的安心吗？其实并不。现代人生活的典型特征是匆忙和热闹，恰恰暴露了内在的焦虑和空虚。人们迫不及待地把心献给国家、赚钱、交际或科学，只是为了不必再拥有它。人们热心地不动脑筋地沉湎于繁重的日常事务，超出了生活所需要的程度，因为不思考成了更大的需要。"匆忙是普遍的，因为每个人都在逃避他的自我，躲躲闪闪地隐匿这种匆忙也是普遍的，因为每个人都想装成心满意足的样子，向眼光锐利的观者隐瞒他的可怜相，人们普遍需要新的语词的闹铃，系上了这些闹铃，生活好像就有了一种节日般的热闹气氛。"

匆忙是为了掩盖焦虑，热闹是为了掩盖空虚，但欲盖弥彰。人们憎恨安静，害怕独处，无休止地压事务和交际来麻痹自己，因为一旦安静独处，耳边就会响起一个声音，搅得人心烦意乱。可是，那个声音恰恰是我们应该认真倾听的，它叮咛我们："成为你自己！你现在所做、所想、所追求的一切，都不是你自己。"这是我们的良知在呼唤，我们为什么不听从它，从虚假的生活中挣脱出来，做回真实的自己呢？

那么，怎样才能成为自己呢？首先要有一种觉悟，就是对你自己的人生负责。这个责任只能由你自己来负，任何别人都代替不了。这个责任是你在世上最根本的责任，任何别的责任都要用它来衡量。"对于我们的人生，我们必须自己向自己负起责任；因此，我们也要充当这个人生的真正舵手，不让我们的生存等同于一个盲目的偶然。"那些妨碍我们成为自己的东西，比如习俗和舆论，我们之所以看重它们，是因为看不开。第一个看不开，是患得患失，受制于尘世的利益。可是，人终有一死，何必这么在乎。"我们对待我们的生存应当敢做敢当，勇于冒险，尤其是因为，无论情况是最坏还是最好，我们反正会失去它。为什么要执著于这一块土地，这一种职业，为什么要顺从邻人的意见呢？"第二个看不开，是眼光狭隘，受制于身处的环境。"恪守几百里外人们便不再当一回事的观点，这未免太小城镇气了。"你跳出来看，就会知道，地理的分界，民族的交战，宗教的倡导，这一切都别有原因，都不是你自己，你降生于这个地方、这个民族、这个宗教传统纯属偶然，为何要让这些对你来说偶然的东西——它们其实就是习俗和舆论——来决定你的人生呢？摆脱了这些限制，你就会获得精神上的莫大自由，明白一个道理："谁也不能为你建造一座你必须踏着它渡过生命之河的桥，除你自己之外没有人能这么做……世上有一条唯一的路，除你之外无人能走。它通往何方？不要问，走便是了。"

我们可以不问这条路通往何方，不管通往何方，我们都愿意承担其后果，但我们不能不问：一个人怎样才算是走上了这条唯一属于他的路，成了他自己？我们真正的自我在哪里，我们怎样才能认识它？对于这个困难的问题，尼采在本书中大致做出了两个层次上的回答。

第一个层次是经验的、教育学的，就是认识和发展自己最好的禀赋。尼采指出，一个人不可能"用最直接的方式强行下到他的本质的矿井里去"挖掘他的真正的自我，这样做不但容易使自己受伤，而且不会有结果。但我们可以从自己的经验中寻找那些显示了我们的本质的证据，比如我们的友谊和敌对，阅读和笔录，记忆和遗忘，尤其是爱和珍惜。"年轻的心灵在回顾生活时不妨自问：迄今为止你真正爱过什么，什么东西曾使得你的灵魂振奋，什么东西占据过它同时又赐福予它？你不妨给自己列举这一系列受珍爱的对象，而通过其特性和顺序，它们也许就向你显示了一种法则，你的真正自我的基本法则。"

出自真心的喜爱，自发的不可遏制的兴趣，是一个人的禀赋的可靠征兆，这一点不但在教育学上是成立的，在人生道路的定向上也具有指导作用。就教育学而言，尼采附带涉及了一个重要问题，就是如何协调全力发展独特天赋与和谐发展全部能力这两个不同的教育原则。他只指出了一个理想的方向，就是一方面使独特天赋成为一个活的强有力的中心，另一方面使其余能力成为受其支配的圆周，从而"把那个整体的人培养成一个活的运动着的太阳和行星的系统"。

第二个层次是超验的、哲学的，就是寻找和获得一个"更高的自我"。那些曾使得你的灵魂振奋和幸福的对象，所显示的其实是你的超越肉身的精神本质，它们会引导你朝你的这个真正的自我攀升。尼采说："你的真正的本质并非深藏在你里面，而是无比地高于你，至少高于你一向看作你的自我的那种东西。”因此，我们应该“渴望超越自己，全力寻求一个尚在某处隐藏着的更高的自我”。这个“更高的自我”，超越于个体的生存，不妨说是人类生存的形而上意义在个体身上的体现。

宇宙是一个永恒生成的过程，在这个过程中，在宇宙一个小小角落的短暂时间里，世代交替，国家兴灭，观念递变。“谁把自己的生命仅仅看作一个世代、一个国家或者一门科学发展中的一个点，因而甘愿完全属于生成的过程，属于历史，他就昧然于此在（das Dasein）给他的教训，必须重新学习。这永恒的生成是一出使人忘掉自我的骗人的木偶戏，是使个人解体的真正的瓦解力量，是时间这个大儿童在我们眼前耍玩并且拿我们耍玩的永无止境的恶作剧。”用宇宙的眼光看，个人和人类的生存都是永恒生成中稍纵即逝的现象，没有任何意义。但是，站在“此在”即活生生个人的立场上，我们理应拒绝做永恒生成的玩具，为个人和人类的生存寻找一种意义。

动物只知盲目地执著于生命，人不应该这样。“如果说整个自然以人为归宿，那么它是想让我们明白：为了使它从动物生活的诅咒中解脱出来，人是必需的；存在在人身上树起了一面镜子，在这面镜子里，生命不再是无意义的，而是显现在自身的形而上的意义中了。”通过自己的存在来对抗自然的盲目和无意义，来赋予本无意义的自然以一种形而上的意义，这是人的使命，也不妨视为天地生人的目的之所在。否则，人仍是动物，区别仅在于更加有意识地追求动物在盲目的冲动中追求的东西罢了。

　　我们如何能够超越动物式的盲目生存，达到那个意识到和体现出生命的形而上意义的"更高的自我"呢？单靠自己的力量做不到，"我们必须被举起——谁是那举起我们的力量呢？是那些真诚的人，那些不复是动物的人，即哲学家、艺术家和圣人。"青年人之所以需要人生导师，原因在此。

我不愿意愿意死

1

可怕的不是有，而是无。烦恼是有，寂寞是无。临终的痛苦是有，死后的灭寂是无。

自我意识太强的人是不可能完全克服对死的恐惧的，他只能努力使自己习惯于这种恐惧，即消除对恐惧的恐惧。

2

许多哲学家都教导：使自己愿意死，死就不可怕了。但有一位哲学家说：我不愿意愿意死。

如果不懂得死的恐怖就是幸福，动物就是最值得羡慕的了。

3

我从来不对临终的痛苦感到恐惧，它是可以理解的，因而也是可以接受的。真正令人恐惧的是死后的虚无，那是十足的荒谬，绝对的悖理。而且，恐惧并非来自对这种虚无的思考，而是来自对它的感觉，这种感觉突如其来，常常发生在夜间突然醒来之时。我好像一下子置身于这虚无之中，不，我好像一下子消失在这虚无之中，绝对地消失了，永远地消失了。然后，当我的意识回到当下的现实，我便好像用死过一回的人的眼光看我正在经历的一切，感觉到了它们的虚幻性。好在虚无感的袭击为数有限，大多数时刻我们沉溺在日常生活的波涛里，否则没有一个人能够安然活下去。

4

"我没有死的紧迫感，因为我还年轻。"这同年龄有什么关系呢？哪怕可以活一万岁，一万年后的死仍然是死。我十几岁考虑死的问题所受的震颤并不亚于今天。

5

深夜，我躺在床上，手里拿着一本书。这是我每天留给自己的一点享受。我突然想到，总有一天，我也是这样地躺在床上，然而手里没有书，我不能再为自己安排这样的享受，因为临终的时候已经到来……对于我来说，死的思想真是过于明白、过于具体了。既然这个时刻必然会到来，它与眼前的现实又有多大区别呢？一个人自从想到等待着他的是死亡以及死亡之前的黯淡的没有爱和欢乐的老年，从这一刻起，人生的梦就很难使他入迷了。他做着梦，同时却又知道他不过是在做梦，就像我们睡得不踏实时常有的情形一样。

6

有一回，我脸上长一个疖子，留下了一个疤痕。我对着镜子伤心。转念一想，我平静了：迟早有一天，我的身躯，我的脸，都会在地下腐烂，或烧成一堆灰烬，我为何要为这样一张迟早要毁掉的脸上的一个疤痕伤心呢？死一视同仁地消灭健康和疾病，美丽和丑陋。对于病者和丑者来说，这竟是一种残酷的慰藉。命运有千万样不公正，最后却归于唯一的万古不移的公正——谁都得死！

但我依然要说：死是最大的不公正。

7

我躺在床上，决定体会一下死的滋味。我果然成功了。我觉得我不由自主地往下坠。确切地说，是身体在往下坠，灵魂在往上升。不对，无所谓上下，只是在分开，肉体和灵魂在分离，越离越远。过去，我是靠我的灵魂来体会我的肉体的存在，又是靠我的肉体来体会我的灵魂的存在的。现在，由于它们的分离，它们彼此不能感应了，我渐渐既不能体会我的肉体的存在，也不能体会我的灵魂的存在了。它们在彼此分离，同时也就在离我远去，即将消失。我猛然意识到，它们的消失意味着我的消失，而这就是死。我、肉体、灵魂，好像是三个点，当它们重叠时，就形成生命的质点，色浓而清晰；当它们分离时，色调愈来愈淡，终于消失，生命于是解体。我必须阻止它们消失，一使劲，醒过来了。

8

普罗米修斯把这也算作他的功德之一："我把盲目的希望放在人类的心里，使他们不再预料着死亡。"是的，尽管人人都知道自己必死无疑，可是没有一个人愿意预先知道自己死亡的确切日期。但这有什么用呢？我总能指出一个我肯定已经不在人世的日子，而当我置身于这个日子去想现在的一切，我、我所爱的人、因为我而遭受痛苦的人都已不复存在，这一切追求、选择、激情、苦恼是多么无稽。

9

当生命力因疾病或年老而衰竭时，死亡就显得不可怕了。死亡的恐惧来自生命力的欲望，而生命力的欲望又来自生命力。但死亡本身仍然是可怕的，人到那时只是无力感受这种可怕罢了，而这一点本身又更可怕。

10

永生和寂灭皆荒谬，前者不合生活现实的逻辑，后者不合生命本能的逻辑。

11

死是荒谬的，但永生也是荒谬的：你将在这个终有一天熟透了的世界上永远活下去，太阳下不再有新的事物，生活中不再有新的诱惑，而你必须永远忍受这无休止的单调。这是人生的大二律背反。

12

波伏娃的《人总要死的》想说明什么呢？是的，不死也是荒谬的。没有死，就没有爱和激情，没有冒险和悲剧，没有快乐和痛苦，没有生命的魅力。总之，没有死，就没有了生的意义。最终剥夺了生的意义的死，一度又是它赋予了生的意义，然而，欲取先予，最终还是剥夺了。

13

肉体渐渐衰老，灵魂厌恶这衰老的肉体，弃之而走。这时候，死是值得欢迎的了。

可是，肉体衰老岂非一件荒谬的事？

14

健康的胃不会厌倦进食，健康的肺不会厌倦呼吸，健康的肉体不会厌倦做爱。总之，健全的生命本能不会厌倦日复一日重复的生命活动。我以此论据反驳了所谓永生的厌倦。只要同时赋予不衰的生命力，永生是值得向往的。所谓永生与寂灭的二律背反，也许不过是终将寂灭的人的自我慰藉。

15

随着老年的到来，人的自我意识似乎会渐渐淡薄。死的可怕在于自我的寂灭，那么，自我意识的淡薄应该是一件好事了，因为它使人在麻木中比较容易接受死。

可是，问题在于：临死时究竟清醒好还是麻木好？

我无法回答这个问题。我的设想是，若是保持清醒的自我意识，死时肯定会更痛苦，但同时也会更自持，更尊严，更有气度。

16

活着总是有所遗憾，但最大的遗憾是有一天要死去。我们拥有的唯一时间是现在。拥有了现在，我们也就拥有了过去和未来。死意味着现在的丧失，同时我们也就丧失了过去，丧失了未来，丧失了时间。

17

死的绝望，唯死能解除之。

18

我忧郁地想:"我不该就这么永远地消失。"我听见一个声音对我说:"人人都得死。"可是,我的意思是,不仅我,而且每一个人,都不该就这么永远地消失。

我的意思是,不仅我,而且每一个人,都应该忧郁地想:"我不该就这么永远地消失。"

19

为了延年益寿而万般小心,结果仍不免一死,究竟是否值得呢?

20

他兴奋了,不停地吸烟。烟有害于健康,会早死的!死?此时此刻,这是一个多么遥远而抽象的字眼。

21

假如我能预知我的死期,到时候我一定不让爱我的人察觉,我要和她一起度过一些最轻松愉快的时光,然后悄悄离开,独自死去。我相信,使我能够忍受生命的终结的东西不是他人对我的爱和关怀,而是我对他人的爱和关怀。对于一个即将死去的人来说,自己即将不存在,已不值得关心,唯一的寄托是自己所爱的并且将继续活下去的人。

22

　　我死后，一切都和我无关了，包括我所爱的人的命运。但是，它却和活着并且思考着我死后情形的这个我有关。以死为理由劝说自己对人生不动情是没有效力的，相反，正因为我爱人生，我才不能做到对死不动情。

泰戈尔有一段言简意赅的文字，在某种意义上可以看作康德哲学的诗意表达——

"我们在黑暗中摸索，绊倒在物体上，我们抓牢这些物体，相信它们便是我们所拥有的唯一的东西。光明来临时，我们放松了我们所占有的东西，发觉它们不过是与我们相关的万物之中的一部分而已。"

这里的黑暗，是指尘世、现象界、封闭在现象界里的经验自我，光明，是指上帝、本体界、与本体界相沟通的精神自我。在现象界中，我们是盲目的，受偶然的和有限的遭遇所支配，并且把这些遭遇看成了一切。如果站到上帝的位置上，一览无遗地看见了世界整体，我们就能看清一切人间遭遇的偶然性和有限性，产生一种超脱的心情。

非常正确。不过，我有两点保留或补充。

第一，我们不妨站到上帝的位置上看自己的尘世遭遇，但是，我们永远是凡人而不是上帝。所以，每一个人的尘世遭遇对于他自己仍然具有特殊的重要性。当我们在黑暗中摸索前行时，那把我们绊倒的物体同时也把我们支撑，我们不得不抓牢它们，为了不让自己在完全的空无中行走。

　　第二，在我们的尘世遭遇中，有一些是具有精神意义的，正是通过它们，我们才对天国的事物有所领悟。当我们在黑暗中摸索时，如果我们从来不曾触到另一双也在摸索的手，紧紧地握在一起，爱的光明就永远不会降临到我们的心中。我们珍藏着某些不起眼的小物件，用它们纪念人生中难忘的经历，虽然它们在整个宇宙体系中更加不值一提，可是我相信，即使上帝看见了它们也会赞许地一笑。

精神生活

　　日常生活到处大同小异，区别在于人的灵魂。人拥有了财产，并不等于就拥有了家园。家园不是这些绵羊、田野、房屋、山岭，而是把这一切联结起来的那个东西。那个东西除了是在寻找和感受着意义的人的灵魂，还能是什么呢？

　　意义不在事物之中，而在人与事物的关系之中，这种关系把单个的事物组织成了一个对人有意义的整体。意义把人融入一个神奇的网络，使他比他自己更宽阔。于是，麦田、房屋、羊群不再仅仅是可以折算成金钱的东西，在它们之中凝结着人的岁月、希望和信心。

　　我不知道基督教所许诺的灵魂不死最终能否兑现，但我确信人是有灵魂的，其证据是人并不因肉体欲望的满足而满足，世上有一些人更多地受精神欲望的折磨。我的大部分文章正是为了疗治自己的人生困惑和精神苦恼而写的，将心比心，我相信同时代一定还有许多人和我面临并思索着同样的问题。

3

据我观察，有灵魂的人对动物的生命往往有着同情的了解。灵魂是什么？很可能是原始而又永恒的生命在某一个人身上获得了自我意识和精神表达。因此，一个有灵魂的人决不会只爱自己的生命，他必定能体悟众生一体、万有同源的真理。

4

我们每一个人都是在肩负着人类的形象向上行进，而人类所达到的高度是由那个攀登得最高的人来代表的。正是通过那些伟人的存在，我们才真切地体会到了人类的伟大。

当然，能够达到很高的高度的伟人终归是少数，但是，只要我们是在努力攀登，我们就是在为人类的伟大做出贡献，并且实实在在地分有了人类的伟大。

5

人类精神生活的土壤是统一的，并无学科之分，只要扎根在这土壤中，生长出的植物都会是茁壮的，不论这植物被怎样归类。

6

精神的梦永远不会变成看得见、摸得着的直接现实，在此意义上不可能成真。但也不必在此意义上成真，因为它们有着与物质的梦完全不同的实现方式，不妨说，它们的存在本身就已经构成了一种内在的现实，这样的好梦本身就已经是一种真。对真的理解应该宽泛一些，你不能说只有外在的荣华富贵是真实的、内在的智慧教养是虚假的。一个内心生活丰富的人，与一个内心生活贫乏的人，他们是在实实在在的意义上过着截然不同的生活。

7

物质理想（譬如产品的极大丰富）和社会理想（譬如消灭阶级）的实现必须用外在的可见事实来证明，而精神理想的实现方式只能是内在的心灵境界。

8

有些人所说的理想，是指对于社会的一种不切实际的美好想象，一旦看到社会真相，这种想象当然就会破灭。我认为这不是理想这个概念的本义。理想应该是指那些值得追求的精神价值，例如作为社会理想的正义，作为人生理想的真、善、美，等等。这个意义上的理想是永远不可能完全实现的，否则就不成其为理想了。对于理想的实现不能做机械的理解，好像非要变成看得见、摸得着的现实似的。现实不限于物质现实和社会现实，心灵现实也是一种现实。尤其是人生理想，它的实现方式只能是变成心灵现实，即一个美好而丰富的内心世界，以及由之所决定的一种正确的人生态度。除此之外，你还能想象出人生理想的别的实现方式吗？

9

人们做的事往往相似，做的梦却千差万别，也许在梦中藏着每一个人的更独特也更丰富的自我。

在一定意义上，艺术家是一种梦与事不分的人，做事仍像在做梦，所以做出了独一无二的事。

10

我相信，只要心性足够优秀，最深刻最高级的精神生活是超国界的。说到底，有底气的人在哪里都一样不同凡响。如果底气不足呢，在哪里还不是一样过日子，求个舒服自在罢了。

11

一颗觉醒的灵魂，它的觉醒的鲜明征兆是对虚假的生活

【方案】

在设计一个完美的人生方案时，人们不妨海阔天空地遐想。可是，倘若你是一个智者，你就会知道，最美妙的好运也不该排除苦难，最耀眼的绚烂也要归于平淡。原来，完美是以不完美为材料的，圆满是必须包含缺憾的。最后你发现，上帝为每个人设计的方案无须更改，重要的是能够体悟其中的意蕴。

突然有了敏锐的觉察和强烈的排斥。这时候，它就会因为清醒而感到痛苦。

12

时尚和文明完全是两回事。一个受时尚支配的人仅仅生活在事物的表面，貌似前卫，本质上却是一个野蛮人，唯有扎根于人类精神文明土壤中的人才是真正的文明人。

13

存在的一切奥秘都是用比喻说出来的。对于听得懂的耳朵，大海、星辰、季节、野花、婴儿都在说话，而听不懂的耳朵却什么也没有听到。

现代生活的特点之一是灵魂的缺席。它表现在各个方面，例如使人不得安宁的快节奏、远离自然、传统的失落、环境的破坏、人与人之间亲密关系的丧失等等。痛感于此，托马斯·摩尔把关涉灵魂生活的古今贤哲的一些言论汇集起来，编成了《心灵书》。书的原题是《灵魂的教育》，可见是作为一本灵魂的教科书来编著的。作者在前言中说："我们这个时代的最大问题是训示太多，教育太少。"在他看来，教育应是一门引导人的潜能的艺术，在最深层次上则是一门诱使灵魂从其隐藏的洞穴中显露出来的艺术。我的理解是，教育的本义是唤醒灵魂，使之在人生的各种场景中都保持在场。那么，相反，倘若一个人的灵魂总是缺席，不管他多么有学问或多么有身份，我们仍可把他看作一个没有受过教育的蒙昧人。

关于什么是灵魂，费西诺有一个说法，认为它是连结精神和肉体的中介。荣格也有一个说法，认为精神试图超越人性，灵魂则试图进入人性。这两种说法都很好，加以引申，我们不妨把灵魂定义为普遍性的精神在个体的人身上的存在，或超越性的精神在人的日常生活中的存在。一个人无论怎样超凡脱俗，总是要过日常生活的，而日常生活又总是平凡的。所以，灵魂的在场未必表现为隐居修道之类的极端形式，在绝大多数情形下恰恰是表现为日常生活中的精神追求和精神享受。这就是作者所说的"平凡的神圣"之含义。他说得对："能够真正享受普通生活并不是一件容易的事。"尤其是在今天，日常生活变成了无休止的劳作和消费，那本应是享受之主体的灵魂往往被排挤得没有容足之地了。

日常生活是包罗万象的，就本书涉及的内容而言，我比较关注这几个方面：工作与闲暇，自然与居住，孤独与交流。在所有这些场合，生活的质量都取决于灵魂是否在场。

在时间上，一个人的生活可分为两部分，即工作与闲暇。最理想的工作是那种能够实现一个人的灵魂的独特倾向的工作。正如作者所说："当我们灵魂中独特的一面与我们所从事的工作相融合时，我们发现本性与勤奋结出的是甜蜜的果实，它可以医好一切创伤。"当然，远非所有的人都能从事自己称心的职业，但是我始终相信，一个人只要真正优秀，他就多半能够突破职业的约束，对于他来说，他的心血所倾注的事情才是他的真正的工作，哪怕是在业余所为。同时，我也赞成这样的标准：一个人的工作是否值得尊敬，取决于他完成工作的精神而非行为本身。这就好比造物主在创造万物之时，是以同样的关注之心创造一朵鲜花、一只小昆虫或一头巨象的。无论做什么事情，都力求尽善尽美，并从中获得极大的快乐，这样的工作态度中的确蕴涵着一种神性，不是所谓职业道德或敬业精神所能概括的。关于闲暇，我在这里只想指出一点：度闲的质量亦应取决于灵魂所获得的愉悦，没有灵魂的参与，再高的消费也只是低质量地虚度了宝贵的闲暇时间。

在空间上，可以把环境划分为自然和人工两种类型。如果说自然是灵魂的来源和归宿，那么，人工建筑的屋宇就应该是灵魂在尘世的家园。作者强调，无论是与自然，还是与人工的建筑，都应该有一种亲密的关系。在一个关注灵魂的人的眼中，自然中的一丘一壑、一葟一木，都有着自己的生命和故事。同样，家居中的简单小事，诸如为门紧一颗螺钉、擦干净一块玻璃，都会给屋子注入生命，使人对家庭产生更亲密的感觉。空间具有一种神圣性，但现代人对此已经完全陌生了。对于过去许多世代的人来说，不但人在屋宇之中，而且屋宇也在人之中，它们是历史和记忆、血缘和信念。正像黑尔诗意地表达的那样"旧建筑在歌唱。"可是现在，人却迷失在了高楼的迷宫之中，不管我们为装修付出了多少金钱和力气，屋宇仍然是外在于我们的，我们仍然是居无定所的流浪者。

说到人与人的关系，则不外是孤独和社会交往两种状态。交往包括婚姻和家庭，也包括友谊、邻里以及更广泛的人际关系。令作者担忧的也是人与人之间的亲密关系的消失。譬如说，论及婚姻问题，从前的大师们关注的是灵魂，现在的大师们却大谈心理分析和治疗。书信、日记、交谈——这些亲切的表达方式是更适合于灵魂需要的，现在也已成为稀有之物，而被公关之类的功利行动或上网之类的虚拟社交取代了。应该承认，现代人是孤独的。由于灵魂的缺席，这种孤独就成了单纯的惩罚。相反，对于珍惜灵魂生活的人来说，如同默顿所说，孤独却应该是"生活的必需品"；或者，用蒂利希的话表述，人人都离不开一种广义的宗教，这种宗教就是对寂寞的体验。

　　我把自己读这本书时的感想写了下来。说到这本书本身，我的印象是，作者大约也是一位心理分析的信徒，因此把荣格、希尔曼这样的心理分析家的言论选得多了一些。在我看来，还有许多贤哲说过一些中肯得多也明白得多的话语，那是更值得选的。不过，对此我无意苛责。事实上，不同的人来编这样的书，编成的面貌必定是很不同的。我希望自己有一天也来编一本心灵书。我还希望每一个关注灵魂的人都来编一本他自己的心灵书。说到底，每一个人的灵魂教育都只能是自我教育。

（京）新登字 083 号

图书在版编目（CIP）数据

在无趣的时代活得有趣 / 周国平著 . —— 北京：中国青年出版社，2015.9

ISBN 978-7-5153-3820-0

I. ①在… II. ①周… III. ①散文集 – 中国 – 当代 IV. ① I267

中国版本图书馆 CIP 数据核字 (2015) 第 211876 号

在无趣的时代活得有趣

周国平 著

责任编辑：李　凌　段　琼
图片作品：俞　洁
封面设计：简　枫
内文设计：后声 HOPESOUND pankouyuguji@163.com
封面作品：《奇点的猜想》俞洁　2012 年
出版发行：中国青年出版社
社　　址：北京东四十二条 21 号
网　　址：www.cyp.com.cn
编辑中心：010-57350520
营销中心：010-57350370
印　　装：北京科信印刷有限公司
经　　销：新华书店
规　　格：880 mm × 1230 mm　1/32
印　　张：9.5
字　　数：100 千
版　　次：2016 年 1 月北京第 1 版
印　　次：2019 年 10 月北京第 5 次印刷
定　　价：48.00 元

如有印装质量问题，请凭购书发票与质检部联系调换　联系电话：010-57350337